太極拳透視

高層次之領悟

眾妙之門・中卷

6

透視

陳傳龍

著

｜目 錄｜

陳傳龍 _____

身似浮木氣清平，寬胯躬身心欲坐。
時時刻刻存此意，功夫日長病消除。

太極拳與靜坐的關連

　　靜坐就是打拳，打拳就是靜坐。

　　靜坐與打太極拳，雖是一靜一動，但由於二者修習的根源，都是道家的修真養性之功，求修心、練神、養氣，互補互助，密不可分，是一體的兩面。

　　太極拳在一般的觀念裡，多認為太極拳是外面看得見的姿勢形式，也就是拳套式，認為會了拳套式就會了太極拳，打拳套式就是打太極拳，這實在是一個大誤。拳套式只是外面看得見的一個姿勢形式與動作，尚全無太極拳，太極拳精深奧妙，不可能只是一個姿勢動作，從太極拳不可用力，外面的姿式全無作用，就可以證明太極拳不可能是外面的姿式，外面的姿式不可能有拳術的作用，已經不用力了，還何能使用？！所以各家先輩宗師，都有太極拳不在外面姿式之言。許多由於不知，終其生打拳套式認為是在打太極拳，誠是可惜。其不用力是在修習內在氣勁，要由後天的修習，所以太極拳打起來很慢，很慢是在修習內在之功，並非求使用外在姿式，若非修習內在之功，其慢又是為了什麼？內練之功就是在修心、練神、養氣。

　　靜坐也就是打坐，打坐是言進行靜坐，種別甚多，有各門各派，主要是在求心靜、神寧、意專，以養氣。氣乃人與生俱來的先天真氣，亦稱元氣、宗氣、中氣、內氣，而非是

指空氣，人人生來都有。未修習之人，有真氣而無從感覺；修練之人就可感覺得到，並可運行使用，而可健身益壽，並用於拳術。也要得其法，若不得其法，沒有作用，就只是枯坐，對身體沒有助益，正如練太極拳一樣，只是空打拳套式。若練得真，身內即有氣的產生，由於氣動而使身體產生震動，這是由於氣未通，通了以後就不再震動，即所謂「動者不通，通者不動」，不但可養得真氣，及在太極拳中使用，並可促使心神寧靜、意的專一，有助於太極拳功力的增進。在靜坐中也可冥想自己在練拳，或與人推手，使氣在身內運轉，以促進氣的成長與通達，也可以用靜坐方法練太極拳，所以靜坐就是練拳。可見只打看得見的外面姿式，怎可能是太極拳！

練太極拳也是一樣，在拳套式中求心靜、神寧、意專，運行周身內氣，同樣是在修心、練神、養氣。在太極拳古典經譜中云：「意氣須換得靈」、「氣遍身軀不少滯」、「遍體氣流行」、「意氣君來骨肉臣」、「以心行氣」、「以氣運身」，都是在言練心神意氣，同樣可增進靜坐的功力、心神的寧靜，也可在打拳中練靜坐之法，所以打拳就是靜坐，所不同者，靜坐主在養氣，打拳是在用氣，故經譜云：「靜心者，修道也；動心者，武藝也」，其所指的，均在於心神意

氣的修為。

有人問，先靜坐後再打拳好？還是先打拳後再靜坐好？二者都好，都一樣，都是先將真氣啟動出來，有利於靜坐或打拳，所以打拳與靜坐是互相貫通的，都是在修心、練神、養氣。在打拳中雖是在動，心中實是在求靜，心靜而後能神寧，而後能氣生。十三勢歌云：「靜中觸動動猶靜」，在靜中產生動，雖動，心還是很靜，可見在拳套式中比姿式，怎可能就了解太極拳！外家拳用力，可在招式中求，但太極拳不可用力，外在姿式全無作用應是可以想見的。

靜坐的種別甚多，筆者僅就所知功法而言，但太極拳則只有一種，太極拳以內在氣勁以為體，本太極陰陽變易之理以為用，由於理本太極而為太極拳，此理在王宗岳氏的拳論中有詳盡的闡述。太極陰陽變易之理只有一個，所以太極拳也只有一種。

如只練太極拳而沒有習靜坐，可在打拳時雖有外面姿式，但在打時萬不可想比外面姿式，要心靜、神寧、意專，全心全意求周身的鬆柔，這樣才能求得鬆柔。若如此，手上身上就會有氣感產生，亦有靜坐之功，太極拳雖不能至，但也已相去不遠。如心想比外面姿式，必定一想就產生僵力，就不能鬆柔。

成太極拳全在於求周身鬆柔，能鬆柔才能有一切，苦

於不能鬆柔，多由於心想比姿式，一比就僵，還何能有太極拳！要想求鬆柔，除專心一意求鬆柔外，更先要做到身動手不動（手隨身動），並在每動時，先鬆身以後再動，或一動即求鬆，或一動即求不動，在動中求不動，以求在打拳中綿綿不斷的鬆柔，不但能鬆柔，更在培養內勁。

　　如若只習靜坐，而沒有練太極拳，若能有氣感產生，即是在養氣，可補益身體，和通氣血。若只是坐而全無感覺，即只是枯坐，不能算是靜坐，坐等於沒有坐。但無論有無氣感，能兼練太極拳則更好，因為有動有靜，不要只有靜而沒有動。每見只習靜坐者，身體每不若兼習太極拳者健朗。

陳傳龍　謹述於臺北
2018年7月6日

太極拳│透視│

1999/10/18 —— 丹田氣吸至湧泉進行呼吸，丹田與湧泉相通。在走化中專心找以腳底挖土，一遇機會即挖土發放。

心想以身旋水甚佳，以之推人，彼等均無以為抗，屢試屢驗。做好原地旋水即可，不必有向前旋彼之意，自己做好旋水即可。

鼓盪—以身使海水上下四方澎湃翻滾，則丹田氣與湧泉相通，此全在腰腳綿綿鼓盪不要斷。以身旋水亦是鼓盪，心中純做鼓盪，不做動作。

10/19 —— 散放腰胯使全身如浮在海中，隨時要如此。不要練身動，要以心鼓動四周之物，如以腰旋水似的鼓動某物，或翻山倒海、拔樹倒屋，隨心應用。要全身如水，如有物即鼓盪之。不是打拳，只是鼓起飛沙走石。旋要有旋點（旋之中心點），旋點隨虛實轉移。我身腰一動即飛沙走石，全是心中的神意。

10/20 —— 進時遇到彼有頂力，立即化之，如水之前進，不可仍在原點相頂，改以棄頂，以旋水應之。

身動與身不動—前曰身不動，今曰身動，究竟應為何？心中雖求身動，事實上身仍未動，如此做全是

心神意氣的作用，勁力已下至腳跟，持之以恒，功非小可，此乃動中求靜、動靜合一之功。氣經腿作湧泉與腰胯呼吸。立身怪怪的一定要。

10/21 —— 將身所受之力，全向下交與腿，再向下入地使消失於無形，同時全由腰胯腿應對，上身全空。化解來力時，筋骨要廣大散開既深且遠。

今用氣貫於臂，彼覺壓力大甚多，不知所措。氣應臂身相通一氣，貫於掌指力更大。氣吸入掌指，掌指氣愈足身上勁愈大。只管將氣貫足於掌臂即可制敵，敵即不知所措。只要氣貫到手，彼即被制。

10/23 —— 以氣貫至指即可力大，要綿綿充於指或以指掌吸彼之氣。

矮人打拳——全交矮人，矮人是自己心中作矮人，使勁力下沉。

10/24 —— 矮人打拳氣要運足，周身四肢方有壓力產生。如遇強手要聽清彼之虛實，以虛擊虛，以令人不知，乃易收效，否則一為彼知，彼即變化。

用皮毛發人，用時先藏（向內收入骨或一點），

發時改用皮毛。氣貫臂掌仍要變化，避實就虛，方能
靈活。

10/25 —— 氣要充滿周身，再貫於兩臂兩掌指，以氣
之虛實變化沾粘迫彼制彼，以氣旋轉則虛實已生。

打拳時以一腿胯全柔（虛），全身交與另一腿的
小腿站立（實），則運動時周身柔順無滯，一直保持
一腿全鬆柔無力的狀態。向前發時避免用腿反而腿有
力，乃是勁，用了反而力小且僵。

10/27 —— 打拳先開好胯後再動，才能符合身法要
求，身不散亂，才能下動上不動。在節節斷連的基礎
上柔身行氣，要柔身就要斷腰椎（心想），身上每個
關節都要斷，雖斷仍連，節節斷連。

10/30 —— 用四肢呼吸氣很足（氣充四肢收放），氣
在五心（手心、足心、頂心）向內收放，或收入體內
旋轉。

10/31 —— 彼推來，我先將實點引得很明顯，隨即脫
離實點，用虛球旋轉發，類似回身看背。將勁集中於
某一點（如踝）內，限制在該點內（旋轉）發力，則

人既不知，力量又巨大，類挖土。將天地氣由四肢、百會、尾閭收入體內流轉，斂入筋骨。太極全在氣向下運至下盤。

實變虛彼即落空，有實即變虛，化發均如此所向無敵。要變得靈、變得快、變得順，陰中有陽，陽中有陰，實可變虛係因實中有虛也。

局部應對—將勁氣限制壓縮集中在得機之處，絕不外洩，在內旋轉發力。（發時心中要將彼此相接之實丟離，專心旋轉）

11/1 —— 完全以心想代替動作，即形而上替代形而下。如回身看背、大鵬展翅、靈猴採桃、仙鶴繞頸、神龜縮頸、烏龍擺尾、魚躍龍門、沉魚落雁、羅裙四揚、驚鳥四散……等都是心中的想法。在尾閭中正求輕靈中，用大鵬展翅、沉魚落雁等功力大進，拙力全消。我用羅裙四揚，兩手避而不用，發力上乘，如思想固定在用身，層次低甚多。以脫離用身之心則勁既輕又強，更重要者為人所不防。

太極拳是練心神意的拳術，無關肢體動作的操作與使用，氣是心神意的產物，勁是氣的產物。

11/2 —— 推手將氣由五心、四肢、尾閭斂入骨內，

不出指尖，不令人知。在推手以手觸人之時，心中以不觸彼之身，在指尖以內，在自身內運變流轉，彼仍感有壓力。 有自動，只作振翅、舒翅、展翅、羅裙蓬飛、驚鳥四散、小鳥驚飛較好。以我身之虛處，粘貼包圍彼力，不動身，只以意領氣而動，即只用意氣神，不用身。

11/3 —— **將展未展**—全身鬆開，屈膝、蹲身以待動。未展最重要，未展則身臂未出力，但仍有將展之心，使周身鬆沉，要練此勁，此勁乃立身根基。將展為動，未展為靜，始終要有將展之心，但仍未展，此乃動中有靜，靜中有動，動靜一體。此為立身狀態，非動作。真正之動乃在氣勁之伸縮扭旋，以心行氣變化虛實。

　　脫身旋點—發勁時將氣集中於一球形處旋轉以脫離原來相接之點，彼已落空，而我球內旋勁已發之。

　　將要動之處，動時丟棄不用，反而力大且柔。改由小腿中旋轉，發力較用腰胯旋有過之而無不及，前後左右均可適用。

11/4 —— 練拳在假想扭脫彼之控制，身扭時一定要聯合腿勁，一氣動作才能有根。扭時身勁下行合腿，腳

跟勁上行合腰。

　　練時一定要假想對應強手。

　　手伸出去的力是起於小腿，手臂不用力，用小腿上傳之力。

　　粘制人（攻擊）心中要用腰胯不用手，用手就錯，走了叉路，永無太極拳。用時心中不用力，力反而愈大，此乃內勁。

11/5 —— 以實變虛、小青蟲、局部圈、挖土、奔馬、皮毛發。

　　挖土發勁—用膝蓋骨挖土（或吸地氣）發勁人不知。或用踝或胯均可挖或吸，或用小腿或某處局部挖，某處發勁，就用意用某處之力挖土，簡單易行。或以旋內氣均可發人不見形。

11/6 —— 避免腿有撐力，不用腿力。有撐力腿即不活。周身如流水，只有水沒有身。

11/8 —— 用實處來呼吸，或用腳掌來呼吸，用皮毛、五心來呼吸。呼吸時要收住肚臍。

11/11 —— 把實處引出來就有虛，如彼全用腰腿，力

在腿上，則迫出其實腳，用虛實破之，如用猝放空實，同一時間用虛貼之發。

11/12 —— **以腰挖土**—可練整體勁，猝挖為發勁。腰做挖土，肩做舒翅，身求鬆柔。只管挖土，不作他想，專心一致只管用挖土發。

11/13 —— 粘人時指頭氣向身內吸，在身內旋圈，不透入彼之身內，透出即為彼知。用腰挖土發，用斷腰或氣在腰旋發，可使勁下沉不上來，不為人知道，使彼一無所知即被放出。用旋氣圈挖土發放。

11/14 —— **挖土走化，隱身挖土**—用脊椎、腰椎、尾椎在任何姿式均可挖土。

11/15 —— 氣由指掌吸入體內轉動，即產生制人之力量。不可用手推人制人，用將外物之氣及彼力由指掌吸入身內鼓盪，自可制人。

11/16 —— 將身上氣收入一胯應用，人難捉摸我之勁力。

化時以氣自胯向下化至腳，來對付來人，不是在

上身化。用胯腰挪褲挖土，拔鞋跟發。

11/17 —— 練用腰提腿，就是為了用腿氣在脊椎內運化。上天梯（氣在脊椎上下行）足以應付來人，在脊椎內打拳。

11/18 —— 練架先練只動動腰胯，活動腰胯忘我身。以劍峯骨合劍尖骨（胸骨之上下端），或反過來合，乃出人不意之發勁，很厲害。動中多做合，不動身。

11/19 —— 打拳只用上下移動帶脈之心，為入門之佳法。先用一側迫，使彼實後猝用另一側擊，可連續互換攻擊。

11/20 —— 動就僵，伸縮即柔。筋骨要鬆，皮毛要攻，縮伸皮毛身就鬆，動筋骨身就僵。縮伸小血筋、小青蟲身自鬆，用帶脈之力縮伸小血筋為拳術，練之功非小可。

11/21 —— 以一顆小紅珠在身內上下運行，要全身努力來做珠之運行。以意轉動宇宙即可將周身勁轉出來，爆發力佳。轉動心、骨亦可發。

11/22 —— 小紅珠走動，成一串狀或數處小串游走，隨機移動變化。

兩腿內做縮中有伸，伸中有縮，甚實用。

11/23 —— 腿內縮伸為基本，目的乃求鬆散腰身，勁集於腿。

11/24 —— **脫離**—是在推手時心中脫離推手非脫離身，實是很好心法，既可聚勁又可不令人知，在脫離中同時可放開筋骨之緊繃處。用帶脈上下移動化。保泰山之不動（身靜），鼓江河之不息（以意用胯帶動內氣流動不息）。

11/25 —— 打拳在學怪怪趴之中求柔身脫離，要柔就先要怪趴，用怪怪站立之姿，即可向任何方向動均能柔，故要柔先要怪立。不 地柔就要不斷怪立，不斷怪立就可不斷柔。動之前必先怪立，怪立即調整腰脊使迎合各方向柔身。向前發勁先調整腰脊（怪立），再柔身前發，不可直接前衝。怪要做到底，怪得長，怪得透。人壓我，我即怪立。不是動，只在作怪姿，即可似鬆非鬆，將展未展。

11/26 —— 用帶脈上下，向下為進，上提為退。也可用上下挪褲的方式（此均為腰椎縮伸之運動）。推而言之，可用拔鞋、脫鞋來動。處處可以用小青蟲縮伸。

每動必怪立，即可呼吸，退為吸，進為呼。腰腿不但只動，更要有進行實戰之意。

11/27 —— **以肘領身**—則周身勁動，肘為先鋒。

以氣對應—以筋呼吸，以神意使內氣鼓盪外氣。周身如水，以臍為氣之根，用氣避用身。

往深處走—愈深、愈長、愈遠、愈高、愈低，要以肘領身打拳，肘勁一斷，全身勁即斷。手欲向上、向前伸時，用腿向下、向後伸，手即前伸。手欲縮回時，用腿向上、向腰縮，手即縮回。

11/29 —— **氣貫肘脊**—人不能擋。

以臀吸地—以臀吸地氣發很好用，很實用。挖土處處可挖，要活用。

【十三勢行功心解 解】

　　行功心解所言，全是功深以後，內在意氣勁的如何運作，所以令人覺得虛妄難明，難有具體的感覺，但乃太極拳的本體所在，要有後天的學習。現今學習，多以外在肢體動作為太極拳，而致無從理解，覺得太極拳神奧難明。茲特介紹於次，以供學者參考研究。

1、「以心行氣，務令沉著，乃能收歛入骨。」

　　練太極拳運作的是氣，氣是由心意來運作的，言要使之下沉，並有著落。一般而言，沉是沉於腳底，著是著於骨節，這樣才可以使氣收歛入骨。這要有意氣後才能有具體的感受。

2、「以氣運身，務令順遂，乃能便利從心。」

　　氣在身內運行，要能順遂，這樣就可以隨心所欲的運行。行功心解所言，全是高層次的意氣。

11/30 —— 用虛處上吸天靈，下吸地氣。吸時吸入脊椎與兩肘，吐時充於筋骨而達四肢及皮毛。

實處拔地—用實處拔地，實處即由僵化柔，由有化無，即拔地之力，即由實化虛。

一切動作皆以實處、虛處、或虛筋挖土、或吸天地氣與天地相合，實為至要。似立身在風浪中欲倒似的。以吸或挖來穩身，以運動身體。

12/1 —— 推手以實處挖土吸地氣入脊貫於肘，避實擊虛。

氣由脊肘由身兩側捲向彼身，彼受巨壓後退。

12/2 —— 氣充於脊肘，應用時用呼吸之法來充，既便利又效大。氣由兩側包圍，彼無力可抗，只有後退。

對來力壓來，要以局部旋轉化之，如用磨臀旋腰等，不可以實接實因應。所謂牽動往來氣貼背，歛入脊骨，即呼吸在脊。

12/3 —— **以實拔地**—實處受力，用實拔吸地氣，實即化為虛。故化敵來勁時，以實拔地即可化淨。

有力處（實處）拔吸地氣即可化於無形。故每動都用實處吸地氣，拳即是以實處吸天地之氣也。呼氣

可用足底將氣貫向周身皮毛、筋脈、四肢。

實處吸氣為化，虛處呼氣為發。實處吸氣用我即天地，虛處呼氣用宇宙即我之想。

以實吸氣時我大如天地，以虛呼氣時我小如腰椎一小點。氣均吸入骨內欲入脊，貫於肘。吸彼來力用實才對。用脊、肘吸呼力量才最大。

12/4 —— **吸地之力**—吸的部位有實處、肘、脊、皮毛、腰脊等。

以實處挖地為主。沾粘時猝然脫離，改用虛處發，為脫離沾粘。彼攻來或與他沾粘，我猝然以我身之虛處另沾彼虛處發之，乃為上法。

空而散之，只吸處在吸，全身鬆散。氣充肘臂，變化在脊背呼吸，走化在以實處等吸地氣。

12/5 —— **帶脈前移**，或用皮帶扣前移，即臍前移發敵，很實用。但記住要用只移帶脈之意不移身才能用。

帶脈後移，可代替回身看，彼力壓我，我暗自以意將帶脈後移（帶脈移時不要給我身之他處知道乃妙，他處不可幫忙），彼必順勢跌出。

意在精神不在氣，在氣則滯。即在運氣時不運氣

只運意，品質提高不知多少倍，試人均甚有效。即運氣避開氣而運意，使無氣感。吸地氣天氣時（用實處吸），也是這樣，吸時避去氣感。如用運氣，對手就有知覺，自己也覺得呆滯，差很多，運意（精神）乃屬虛無境界。

以彼手在我身上的著力點為圓心，此時以圓周之任一點擊彼，均有效。但彼身要硬才好用，彼如柔化，我即無著力點。彼若在我身之著力點不斷變化，圓心點也要隨彼之變化而變化。要抓緊圓心點，用圓周點擊之，彼感到我變化甚速，無法招架。有時不理彼之力點，我以胸部中心點為圓心頂彼（以意），以四周之圓周點擊之，變化圓周上點之位置擊之，彼即感錯亂無章。

總之要有一圓心為實點，在圓周找虛點擊發，圓周定在背上甚佳。一定要心中有圓心，再找他（虛）處另一點前移發之即可。太極拳每一動均含正反。

12/6 ── **隱身獻圈**─將帶脈圈獻給對手發放。

縮腰退圈─帶脈圈向後移，要訣在於後移時周身靜而不動不變，亦即周身避嫌不動。一切動力都是帶脈發力移動，周身筋脈定而不動，如此反能周身一家，一動無有不動。帶脈本身可以游走轉動，更可向

內屈扁，隨勢因應來勢而變化無窮。周身之運動全在帶脈之變化帶動，與內氣開合呼吸配合一致。帶脈動內氣即動，內氣動帶脈即領之，他處不可亂動。運動時要假想在用大力。

迫此發彼──例如用手按迫彼肩胸，使彼忙於走化，此時不要放開，暗用隱身獻圈發彼他處，無不成功。迫退對手時亦用此法，即明在迫彼肩胸，同時暗以腰圈進迫使彼後退，此為引勁之妙用。

12/7 ── 彼以手加力於我身，接觸點為圓心（支點），乃彼力之頭，要擊彼力之尾。

未動之先，周身氣要先配合動作運轉，而且不停地在運轉，尤其在兩腳及小腿與手掌。在腳與小腿為穩跟，在手掌為制敵。

以極細微的神經運轉移動，以腰椎或某一關節作根，帶動氣血流旋，不停地快速旋轉，使彼無所捉摸。此即「氣遍身軀不少滯」、「遍體氣流行，一定繼續不能停」。

以帶脈帶動氣血運動應對。

彼在我身上壓兩點，只處理一點即可，當我只注意一點時，另一點已自己鬆開，彼已無著力處。我周身氣轉動，同時想到帶動天地氣鼓盪。

脫身獻圈—脫離糾纏立即向彼獻圈，將之發出。動時以不動肩之心，使腰腿動得透，氣自然走遍周身。

　　招由勁變—一切招式均由變動內在氣勁而成，非亂動。身形綿綿不斷變動，會感覺到是以腰胯為主，日久漸漸由腰擴展至四肢，再斂入骨內。招式在動前內心先變好身形，變時變有為無。（有是指身內之感覺）

　　勁集中於踝或某處，以身內任何處之一點發放，同時脫離發人之心，只用點發，令人不知。

　　以實變虛發—實是指頂到處，變虛即發。

　　引領虛氣—彼力壓來我用領虛氣應對。我攻彼用領虛氣前進，加上大鵬起飛等神意，把虛氣領出來，全部領出來帶動身體。

12/8 —— 以腰、脊椎、尾閭彎駝，即努力彎腰駝背走化，前進時也用彎駝均超凡入聖。立身一定保持彎駝勢才利應對，非真彎駝，只心意，意力而已。

　　如果前發用將帶脈後收更佳。意想用腳跟之力將帶脈向後一拉，吸前方之氣，腰即前挺（發）。

　　用腳掌之力吸周身內氣下行至腳，同樣可用手掌之力吸內氣至掌心。

意識拳—只用意識不動身，太極拳是意識拳，由於意識一動，內在氣勁即動，所謂意到氣到，氣到勁到。

分陰陽—將身分為虛實二部分，實為陽不斷移走變化，虛為陰，隨陽之變動而變化。感到身上之重濁處為陰、為地，清虛處為陽、為天。

12/9 —— 氣集腰椎一點旋轉，攻化均上乘，人壓我，即自跌出，我前進彼無力抗。蓋因一點轉，帶動周身氣動。自身不可僵硬，有僵力定要收入小點，努力旋點以化實變虛。立身分清陰陽應用，不能化時急分出陰陽即化開。氣要貼背歛入脊骨，用時用實中之虛，方有威力。立身要穩如泰山（靜如山岳），以身內小點吸內氣及天地氣，小點轉動周身氣即動若江河，用小點攻擊，不可用身，用身即誤。

12/10 —— 只管挖土，只管挖土發不管其他，則身自然鬆化脫離。

全身分為一陰陽，即整體的一虛實，實中虛為威力，虛中實為出其不意。

太極運動—將身分清為虛實二氣，即為太極。虛氣一引即變實，實氣一散即變虛，此即太極運動。

太極運動。腰珠旋動。挖土運動。局部運動。帶脈運動。實變虛。

12/11 —— 拉筋運動。縮骨運動。脊椎縮伸（合踝合腿）。脊椎後縮。溶化冰淇淋。以實化虛溶化來力，或用虛處吸來力。

引虛散實—虛氣一引即變實，故一面引一面化實為虛。

變有為無—將有感覺處化為空，溶化冰淇淋似的。招式由腰胯變，變有為空。以腰提腿，氣入脊內上下運，腰珠要旋動。

腰珠轉動時，周身氣運轉，身體不退讓，穩如泰山，只內部腰珠轉動轉化，所以「**靜如山岳，動若江河**」。因此，運動要改變觀念，不是手足之進退，是在原地的一股風（氣）的變化，以腰珠一點在中心旋轉而動，身內全是流質在流旋，在原地進退顧盼，由意帶動氣流，要以腰椎一點為根基旋轉。此一定要改變的運動之觀念，不像以前只曉得身形之動的運動。

在走架中身形力求不變不轉原地穩住，自然隨內動而動，可任其自然「**靜如山岳**」，脊中珠力求旋轉帶動內氣，此即「**動若江河**」。

12/12 —— 以筋骨散開發放勁甚大，可假想用以對抗巨力來走架練拳，發人均奇遠。

氣貫雙臂，制人之力甚大。

12/13 —— **呼吸用骨**—想著氣由骨節出入呼吸。練一點氣動要全身都要連到，縮一骨節也要連全身。

骨節呼吸—內氣呼吸在筋肉，筋肉有力，用骨節呼吸，氣入骨內，筋肉柔軟。

12/14 —— 用旋來動。旋腰珠攻人也要避實用虛，不可硬頂，一切在旋轉中求之。

12/16 —— **發中有化**—即以動時心中不動，發時以心中不發來發。

化中有發—彼攻來我以化為主，在化中要找發，化為發之引蓄，故化中要寓蓄，自己練每動都如此。

縮身（氣）入腿—彼壓來我以縮身入腿發之，要靠腳為根吸地氣入腿。

以點為根—以點帶動全身氣，氣動以點為根，運氣要有點為根，點在腰椎中節，或在胯、膝、踵、百會。

氣貫勞宮—以勞宮為氣之根，勞宮在掌之中心。

運氣基點──基點在中為腰椎，上為百會，在掌為勞宮，在足為足根。運氣時要不離基點。

12/17 ── **變招磨轉**──用磨轉對應，對手壓來而成頂抗之勢時，我即 棄對抗之勢，變化機勢避實就虛磨轉，彼即落空而被轉出。

磨轉很能實用，每日轉之，功量無限。在磨轉中被壓迫不能磨轉時，即改變招式，稱為變招磨轉。

12/18 ── 變招實是妙法，乃化實為虛（勢），發揮陰陽變易功能。在接死時，一變招一磨轉彼必敗。如接住不變，即實接實，就非陰陽互變。

主要是磨轉，接死（相頂）時不好轉，要脫離接死才能轉磨，所以要隱身變招。

每一磨轉勁都要由腰貫至腳，是用腰勁轉動腳，磨在腰。

12/20 ── 退步上步發，順勢退步，隨即上步彼必出。發時用上步拾物之意更佳，拾物要專心拾物，拾時心中不用手，用兩臂。

先假後真──先用手輕推，隨即以兩臂拾物發。

縮脊入腿──一接手即縮脊氣、手氣入腿，並同時吸地氣入腿，引天氣會合於腿，再加上貼即為發。

3、「精神能提得起，則無滯重之虞，所謂頂
頭懸也。」

　　練拳時神能提得起來，周身意氣的運行就
不會有呆滯的感覺，這種情形就叫做頂頭懸。
這是有意氣、運作意氣時的情形。十三勢歌
云：「尾閭中正神貫頂，滿身輕利頂頭懸」亦
是相同的意涵，是功深以後，運作意氣的感
覺。

4、「意氣須換得靈，乃有圓活之趣，所謂轉
變虛實也。」

　　以意行氣要轉換得靈活，就有圓活的趣
味，這種情形是在運作虛實的變換。打太極拳
的運作在不斷的變換虛實，這全是言意氣的運
作。

12/21 ── **周身勻均**─即周身無僵，平均一致柔和，而後求上清下濁。愈下氣愈足，愈上氣愈虛，此時兩腿要躺地眠。

鬥必留虛（此虛可在實中，不一定在虛處）─即對抗時不可雙重，無虛實之分，一定要爭到有虛處，方可使後續有虛實變化，而能更靈活應對。

動必變招─即無論走架或推手，不可用實勁動，即不可在原有之勁勢上動，而要改用虛處（即變招），亦即**招由虛變**。後仰時可用**氣貫劍峯骨**（胸骨柄）不必一定要在脊。

12/24 ── **丟**─發放要用 ，發放時心中要 棄相接之勁勢，改用別勢。此亦棄實擊虛之奇兵。

坐胯放檔求隱身─動時必先坐胯放檔，以坐胯放檔之力推動身體動，使勁力一開始即沉入腳底，以避免僵力由小增大之缺點。其中更要隱身，隱身即可去僵，動時自然就會用虛處動，故非是動，而是坐放隱。

磨片開合─腰胯中似有二磨片上下垂直開合，要嚴格限在腰胯間開合，他處不可參與，此是極佳之運動方法。如彼發我，我磨片一開，彼即發而無功。我一開或一合均可發放，實在很妙，主要由於身之他處

未參與，而可發勁不令彼知。虛處是身內之迴旋空間。

12/25 ── 坐胯放肛、縮向腿、腰椎後縮、磨片開合、轉旋，均是發。

12/26 ── **發放不可有發到對方身上之想**，只是自己發出身內之勁，故每次發都要加上吸氣隱身。例如動中不動就是發。即可實處不動，動到虛處，即用虛處發，即變招發，樁步即很穩。

　　腰胯要鬆要塌坐要空，腿就會酸，這才是真。立身怪，就什麼都有。

　　磨片呼吸。磨片開合就是呼吸，開是吸，合為呼。限在腰胯不可在外，氣貫周身。

　　將來力用腰胯貫入腿中，以**溶化彼力**，不但彼無法推動我，我更可推彼後退，用磨片開或合下貫更佳。

　　中線發光，發人力甚大。中線為身內重心之中垂線。

　　隱身吸氣、抱肚呼氣。發時隱身吸氣是磨片開，抱肚呼氣是磨片合，均可發。

12/27 —— 彼推來，我用磨片開，彼即推不動，可見磨片之效用。動時用任一關節與踝一起動，相拉相吸互有引力（他處全部放開 棄），類磨片開合。

12/28 —— 磨片開時，要繼續不斷地開，使化勁很長，深不見底。

應用時定以磨片之開合為主，否則勁走四肢而生僵力。若用磨片開合則無僵力，氣乃通達四肢五心。磨片開合，只想即可，不必做，由於意動氣已動。

12/29 —— 以腰前發，亦用腰椎上下拉拔或縮收之勁，亦即磨片上下開合。

磨片開合溶化冰淇淋。（指溶身內之僵處）

正規運動—氣吸向內磨片合，氣貫掌磨片開。用磨片上下開合，開合時全身力與動都讓給磨片。

外開內合，內開外合—即形開氣合，形合氣開，或動則氣合，靜則氣開。

12/30 —— **放光發放**—使局部放光即可全身勁出。如掌心發光、皮毛、劍峯骨（胸骨柄）、項骨（頸椎第七節）、更年期、磨片等等，因全身勁讓給發光，故全身勁一致出。

2000/1/2 —— **頂中不頂**—頂住對方，並將身內僵力向下鬆放，至極度頂時鬆放我身中之勁發放，十分厲害。較磨片開合使用更佳，力量十分大。

纏繞勁應斜纏—從彼力之一旁纏過，方有功效。不可只纏而不知方向。如歛入骨內纏力更大，彼稱十分厲害，亦即纏繞時要避實就虛，纏彼之實。

纏彼之力，繞彼力之側而過，不是亂纏，彼必應接不暇。

1/3 —— **心神意氣勁**—心是願力，心願一動，意氣隨之而動。氣是內氣，人體先天元氣，由心神意培養啟動而能應用，乃是勁，故能意到氣到，氣到勁到。

1/4 —— 彼力之側面。動即歛氣入骨纏，為吸為合，靜即貫氣入四肢纏，為呼為開。一頂即纏。纏者，氣之旋轉也。

磨片拉骨筋—用磨片開合拉動周身骨節筋脈，節節都動，並進行纏。

纏要有著力點，如一關節或數關節為著力點，有了才好纏。

纏要頂中求化，從彼力之側邊纏進。

纏法：（*1*）以縮腰椎之力拉筋縮骨纏，腿臂關節

為著力點。（2）以歛氣入骨之力纏。（3）以伸筋放骨之力纏。

擊發動力——氣以出中有收，正反一體力始大。

1/5 ——纏中不纏。一纏全纏。動纏靜纏。反纏不纏。伸纏縮纏。開纏收纏。進纏退纏。蓄纏發纏。仰纏俯纏。（在纏中各種不同動與靜之意識）

丟發——發必用丟，先丟後發，丟乃丟兩肩，丟舊勢，發乃取新勢。

倒中不倒，要不倒可用開腰胯片（心意中在腰胯的片）穩身，他處完全放棄。

勁的意識（勁別）									
動	蓄	合	剛	縮	退	收	迎	吸	大
靜	發	開	柔	伸	進	放	送	呼	小

1/6 —— 腰胯片開合、氣貫掌臂、骨節舒合，比較實用。動中造虛。

以氣貫臂掌彼即被制，氣歛入骨彼即不知，而勁更大。

骨節舒暢即可，要在骨節舒暢中運氣。

1/7 —— 每個關節要對正，身乃舒鬆，乃靈活柔綿之要法。

吸彼力，溶彼力，然後歛氣入骨纏。

節節貫串—腰胯片開合帶動周身關節開合，勞宮、湧泉、百會亦無一不動。心中只想伸縮腰椎，他處不動，則他處反而動而節節貫串。用其他各節亦可，如肘、掌等，動一處他處自動，或以全身骨節使某骨節動，則周身亦節節貫串。

1/8 —— **尾肘纏繞**—尾閭旋纏，以肘配合協力旋纏，以踵為定根，以尾閭螺纏向上轉入脊椎貫至兩臂。

平時練尾閭纏，帶動肘膝均纏，尾閭纏，各關節一起纏，用之甚效。

1/9 —— **以心扭纏**—纏繞只要想二氣相反運轉，即成旋纏，先以旋尾閭及兩肘引導之較順。只心想氣聚腰腹扭旋貫於掌足，著力點在關節。

節節貫串，以腰椎中節收放周身關節，及於指趾。

1/10 —— 未動先靜，動前先要求靜。

穩身用臂—穩住身不能靠腿，在意識上要用兩臂，使勁貫於腿。

歛纏時骨節求對正，拉筋拔骨。以氣吸歛入骨脊為力纏，纏中求骨節對正，拉拔是求勁在骨中走動。

　　節節拉開—練拳是把關節拉開，則節節貫串靈活無比。拉一關節要帶動周身骨節，勁貫五心。所以不是常態動，而是拉開關節，如各節如鏈條，則何愁不勝。身倒以拉關節穩身，上連百會則不倒。有時一節，有時數節，只要拉對，人則既鬆柔又不倒。拉關節時心在扭纏，則成螺旋勁，或以周身關節動某處（如踝、膝、肩等都可）。

1/11 —— **動中求靜**—任何動都要動中求靜，即在動中求不動。在靜中求關節對正。用身體使僵力下沉，歛氣入骨，心中存螺旋。

　　以怪、中、歛、吸、沉、旋練功。

1/12 —— **定力靜力**—欲動未動之前先求靜，先行定住，即動中求定而生定力，凡動都是如此，即可動腰胯不動手，內勁生。

　　節節拉拔——一節拉百節，百節拉一節。

　　胸背腰胯，分別練，各別合，胸合背、胯合腰，發力大。

　　未發先忘發，力奇大，即先有發意，待真發尚未

發出時，心中先忘發之事，力反而奇大。如稍存發心，力即減小，故要發而不發，即發出時即改變心意為不發。

用神發擊—發時用神不用氣，神愈輕微力愈大，即神發心不發。

手扶身應—手只扶彼，對應全用身腰。

1/13—— 搓麻將、拌水泥都用腰腳。

　　閒來拌清泉，（動腰腳）

　　寒意冷入骨。（斂）

　　旋腿去寒意，（纏）

　　伸縮避寒流。（腿的伸縮）

　　（以意想練意氣）

斂纏伸縮（即上面之歌）是練體之基本，不可用以應對，應對仍要以溶、實變虛、腰片開合、縮向腿、拉拔骨節等變化應對。

神發心不發，勁力才大。即神意發擊，心退而不發，故每要發時，心退而不發即可。

勁之源頭在腰胯，凡動都要用得到腰胯才對，此處有一個太極在變動。

應對乃用虛實變化。

1/14 —— **不纏之纏**—乃纏的高層次，以吸欲外氣入骨，心中雖想　但作不纏之想，則反而會纏。若以氣在骨髓伸縮運化，以作迴避纏，則反生纏。故要用欲不纏之心，乃得妙纏。不可直接用纏，直接用纏，乃有動無靜，沒有陰陽。

欲吸乃溶化彼之力，不纏之纏乃令彼不知，骨髓伸縮乃使彼落空。

1/15 —— **下迎上**—上力下沉，下力迎之，以下迎上。

1/16 —— 心中用周身細胞全鬆開，發力強，用骨節內外所附之神經發力更強，彼等均感覺如此，因已非用凡俗之動發。氣欲骨內旋，一加伸縮效果即增。

1/17 —— **開合**—練將周身筋骨連同天地縮為腰間一小點為合，再將小點放合宇宙為開。發彼用兩胯發光發力大，亦可用發處之骨發光發，用骨表面及內側神經發光擊人，力大。

1/18 —— **定力**—發時動中求定，力大而輕。

寬鬆胯骨—運動中力求腰胯之骨寬鬆，不要擠壓，招式自生，此意十分好，只要掌握此點拳架就可

5、「發勁須沉著鬆淨，專注一方。立身須中正安舒，支撐八面。」

發勁時，內在意氣要下沉，並有著落。身體要鬆柔、無僵，專注於向一個方向。身體的站立要中正不偏、安全舒暢，可支撐八面。

6、「行氣如九曲珠，無微不至。運勁如百煉鋼，無堅不摧。」

九曲珠是言彎彎曲曲的意思，言氣的運行要彎彎曲曲，任何微小的地方都要到。勁反復運行要像百煉鋼一樣，任何堅硬的東西都能摧毀，這都是言要追求的標的。

正確。故「萬般運動皆非是，只在胯腰能寬鬆」，把此做好，自覺應對有力，得機得勢，靈變便利。用於發放如再加定力，發力輕而強，如再加抱肚則更佳。做時不想動作，專意於做寬鬆腰胯之骨，進而膝、踝、周身骨節均被帶動，效果非凡。

寬胯旋蠕—能蠕哪裡就蠕哪裡，不拘泥，在寬胯中旋蠕。

在動中，心中只做寬鬆胯骨，不做動作，無進無退，無顧無盼，定住自己，力求中正，但身仍在動，此即動中求靜，動靜合一。

1/19 ── **發中求定**—寬鬆胯骨為本。擊發要想有力，務必先氣斂入骨節，然後發中求定發出，力始最大。

1/20 ── 腰椎縮骨，勁吸入骨髓，人曰發力大、可怕、不可抗、不知，可在平時練。

出而不出，勁力驚人。即發時勁留身內不出，蓄於局部，如腰腹。

動必抱肚，兩臂即無硬力，即空。以心意抱，非用手抱。

與彼勁勢相連，以便隨時措置之。

1/21 —— 學動物，心中不要做人的動作，做動物的動作，則大不相同，功效大增。膝彎微曲，胯彎亦微曲，作蹬得矮之心，做動物運動。

1/22 —— 放棄人的動作，大家都覺得高甚多，類似怪怪的動作，做怪怪的就已放棄原來動作。

　　不做人的動作，做動物的動作；不做原來的動作，做怪怪的動作。

1/23 —— 走架全在寬鬆胯腰，放棄做人的動作，用呼吸學動物的動，心中並有下縮定住不動之意。

屈膝蹲身準備跳，

寬鬆胯腰長功夫。

　　隨時隨地都要記住做，準備跳只是意念非真跳，寬鬆胯腰要用心意去做。

　　旋圈放人—以神意想圓圈在空中、地下或他處纏圈、或想繩子纏在柱似的等，與人練，人均被轉走。

　　用心旋外在之氣（如雲），內氣自旋。發時全以神，即將清氣吸回，濁氣發出。全以神，勁純而大，始為高級。

　　專心定神纏外氣，內氣自即隨旋。

動時放棄動作不做，做呼吸，定住身體下縮，動中不動。

1/24 ── 寬檔空胯學動物，
　　　　　軟腿弓腰勢驚人。

動中有氣至腕，即予留住不使外出，勁更大。學動物動。

1/26 ── 胯腰寬鬆磨片開，開中還有合，磨片在腰胯。

發放目標─旋圈發時，心中將彼發至某點，在該點內纏旋並收入腰椎，這樣就不會亂找旋點。例如找一小樹葉，在葉心旋力量極大。

練內勁─拉筋柔骨，要拉到手指足趾。

1/27 ── **吸入臍中**─將要發放彼至何處的目標點吸入臍中，目標點隨勢移動，哪邊順，目標就在哪邊，不要固定目標點。

1/28 ── **拉拔溶僵**─我不管對方如何，只拉拔溶僵（拉拔自己身上筋骨，溶化自身僵力），即可應付一切。

留—發擊時氣衝出至手時，留在如腕肘等關節，不讓氣散出，擊放之力量大不相同，很實在。

1/30 —— **軸點不讓**—欲使彼推我不倒，先以中軸不讓，後以中軸之一點不讓（可移動），其他部分均寬鬆散放，功力甚強，尤以一點不讓更柔活，人推不倒。

用神不用氣—又以用神不用氣，力量大了許多，更是無法相抗。以神鼓動四周之空氣，全在身外鼓盪，真是神力，即神動心不動。

受力時以全身鬆散相應，如鬆散中再求鬆散，即成發放，力量超乎尋常。

2/2 —— **虛點穩身**—倒時將各處虛點向重心點收縮集中即可穩身，或收縮虛線一樣可以穩身，走化時運用虛線，身體輕柔。

太極拳運動如只練寬胯腰、柔肩背，成就亦可非凡，練一年勝過十年。

2/3 —— **腰胯用力**—要好像腰椎兩胯用力，並非真用力。

2/5 —— 腰胯儘量心中用力，無礙於柔軟。

纏必用手—纏旋用手力，則周身均有力並一起纏旋，直至湧泉。每纏必通達全身，以利氣通。用意用手纏，則兩臂力大。

纏以穩身—用纏穩身，並用身使僵力下沉。

神發心不發，力大。

身似浮木氣清平，寬胯躬身心欲坐。

時時刻刻存此意，功夫日長病消除。

蠕纏一體—旋中要蠕，即成螺旋勁。

發時軸點要定住。

2/6 —— 動必以腰片上提之力扭旋下盤（腰至腳），上盤順勢下柔，即要在動以前先腰腳扭旋一下，先想到腰腳，以使氣勁下沉。

2/7 —— 與人相接，心中一定不可用接觸處應，一定要用虛點（可以有許多虛點，主要用於配合穩身）先應，寬鬆腰胯向下化。

纏時用蠕，蠕時用纏，蠕纏一體。纏不忘蠕，蠕不忘纏。神發氣不發（用神即可，不要管氣），勁極大。

纏蟒紮根於點，穩身不讓。纏蟒全是用呼吸運氣（在筋脈骨髓），非動身，主宰於腰椎。

2/8 —— 敵若快速變化時，先調整兩腿蓄勢待發，如變化不及即失機勢。平時應練以腰使腿，氣貫兩足。

2/11 —— 動時先想到兩腿實是上乘功法，應敵化脫用寬肩落膀，寬胯弓腰，適時適地應用。

2/13 —— **拉伸脊椎**—兩人頂力相推，我用伸縮脊椎化去來力，人均無從相抗倒退。

寬胯寬肩—人壓來，我寬胯寬肩柔身，效果極佳。彼壓力愈大，我身愈寬，可擋彼大力，我只管努力寬放僵力，以抗彼大力。

用膝發—今用膝跪下之意，或用膝上一點吸前方地上（下）之氣，發放均有奇效，尤其在彼後仰時用之。在雙方互動中，要在接妥對方之力發才有效，不可亂發。

2/14 —— **空虛清**—用力即拋棄力，用意即拋棄意，如以拋棄腰腹中一點，即已全體拋棄，力量大增。

2/15 —— **軟綿縮小巧**—先以腰提胯，縮胯至腰椎一點，或將兩胯兩肩縮至腰椎一小點，然後將全身與天地均縮入該點，此在站坐臥均可練習。

2/16 —— **旋點發放**—用旋任何得機之點發放，想到即旋，不可猶豫。發時意識要以點發，身不發，即以發中不發之心。點發出去，心定住，如此則發時身不動，人不知我，且勁下沉於腳。以心旋點即可發，力大無比。

2/17 —— 以骨吸擊發，力奇大，人稱害怕。以髓吸力更大，用體力雖大，但不致驚人。今後應以骨吸擊發，吸者吸彼身之氣。

2/18 —— 精神統一發擊力極大，人均驚。

2/20 —— **暢勁**—在動中心中不做動作求舒暢，威力比用功法強幾倍，下盤站穩求舒勁更大。舒脊椎，吸合天地氣更大，用拔骨舒身練。

2/21 —— 總之在動或靜都要保持周身舒暢，順勢而動，以運氣穩身，下盤下蹲雖穩實，但全身仍要舒暢。

定力勁—發時氣壓在身內流轉，身似銅鐵之殼定住不動，骨似鋼架。外氣向內吸入，發時只有發點是氣之出口，有如一道劍光。

2/22 —— 不在變化外形，乃內部腿脊的勁伸中有縮，縮中有伸，求周身舒暢。

2/23 —— **肩胯挖土**—用肩胯挖土發，身即可寬鬆，或肩胯互換挖土，產生虛實發，可擊人於不知不覺。

2/25 —— 意拼身不拼，才有威力，即精神要提得起。在走架中練，鍛鍊神氣。

　　以腿使臂—要動就是動腿，用腿使臂十分重要。要動臂手即用腿動，動根本是動腿，手不可動。

2/26 —— 周身鬆散以求舒暢，全不用力，力去盡，勁始能生。

2/27 —— 走架原來乃在求身內之鬆寬、舒順、去力、空，不是求外形的動、移、變。

　　站立不住要倒，全因腿中勁氣運轉不靈，故練時腿腳氣要活要靈，如此練，則一切動作都沒有，也不

可動，只有周身與腿腳之運氣而已。假作要倒即以運氣穩身。

2/28 —— 以頂頭懸柔周身，不要只定住腿柔上身，要練上身不動，動下身，周身勁全懸於頭頂上。

　　運氣穩身—動時要不斷運氣，不但可穩身而且增內勁，更可化粘彼勁。

3/2 —— 將內氣（身內之先天元氣）向下貫到足，以足柔身，由足乃至腿吸入地氣、天氣，貫於足。

3/3 —— 對付柔軟有根者，以意氣擊其足根或整體身，即可摧其根。

　　以踝旋攦—試以胯、尾閭、踝旋攦，結果以用踝為佳，用不用力之心，更是又輕勁又大。將我身空淨，手以扶而不搭為妙。

7、「形如搏兔之鵠，神似捕鼠之貓。靜如山岳，動若江河。蓄勁如張弓，發勁如放箭。」

這都是對太極拳運作狀況的形容，言身形像搏兔的鵠一樣的靈活，神像在捕鼠的貓一樣的專注。靜的時候，像一座山一樣的穩實；動的時候，內在氣勁像江河之水的奔流。蓄勁像張開的弓一樣曲蓄內勁，於是發勁就像放箭一樣。

8、「曲中求直，蓄而後發。力由脊發，步隨身換。收即是放，斷而復連。」

曲中求直，是言內勁像一個彈簧一樣，曲了以後有一個伸直的能量，這就是蓄勁。蓄好了以後才發。

力由脊發，是以心意使力由脊發出，使力不致散亂而生僵硬。步隨身換並非一般的用腿動步，要隨著身體的動而動。

收即是放，放即是發。發人時並非直接發出去，而是以將勁收回自身的心意來發，這樣就可斷而仍連。如果直接發出去，必定是一發就斷；以收回來的心意，反能充實內勁，發得更遠，一試便知。

3/8 ── 走拳架要以腰腿走，走時心中既不肯出力，也不肯走，反要用向後走之心，發勁也如此，這是一種「定勁」。譬如做按，心要按出去，腰腿留著不肯按，心中要做得極柔極柔，氣一定由腳起。走架心中只走腰腿，不走上身。

心中要極柔極柔，乃能練得極剛極剛，氣由腳跟起，行走下身及地下。

3/12 ── 先動骨則身柔，因筋肉不用力了。

應對猛推─來力猛推，我不可用氣在身內轉動來化，這樣頂抗太多，要將氣運向腿使上身空，勁能就增加很多，彼感到很困難，不易推我。

3/16 ── 動即先調內氣，主勁在胯，以心指揮，或以腰中點為中心，下注於腳。

3/17 ── 還是要用腿，用時氣下注於腿。

發時要向彼膝蓋下小腿發，使彼無轉化餘地。如彼腿全硬，發向接點與彼足跟間的中間點，彼根即浮。

3/18 ── 全用心意不用氣，功力很大。

順—能順可解決一切，即「捨己從人」。

3/19 —— **慢**—慢反可眼清明心清楚，攻彼虛實，彼全潰，我輕鬆瀟灑。

3/20 —— **動中求靜**—不但身靜，心中也要靜，是動中心中求不動，則內勁生。

3/21 —— **挖土隱身**—凡動用挖土隱身來動就已很不錯，用一般凡動都是亂動。

3/24 —— 欲向前推人時，用腰胯向後下縮之力，人反向前。在後仰時亦可用腿向上縮，人可不倒，都很好用，不可用手就是。

打拳在練周身一家，周身向四方或上下寬放，力在腰胯腳扭旋，如此練極佳極佳。已無須招式，一變有萬變。

「**靜中觸動動猶靜**」。不慌不忙，動中求靜（不動），動靜合一，此為基本功法。

3/25 —— 發放要忘氣，不可用氣發。有氣則滯，無氣純剛，用空發，用心騰空我身發。

一切用在收斂中擴張自身來應對，擴中有斂，斂中有擴。不用身不用手，只管將自身化空即可。

3/27 ——「**一舉動惟手先著力，隨即鬆開**」，為武氏名言。意即每一動先動手，隨即不動，於是周身內勁隨即產生。

3/28 —— 只要練得柔就對，就是好，練掉僵就是化。要無僵要使著力點在身中心一點，或在骨內，不可在筋肉，在筋肉就是僵。著力點就是呼吸點。

　　呼吸勁力全在腿腳，上身儘量柔。

3/29 —— **好像**—運氣要好像有氣，不可真著意在外面空氣。好像用力，好像有，一切都要用好像，好像要用冥想。

　　意抖身不抖，意動身不動，一切都在想像中行動，即要忘身。忘記自己的身體，不要用身，全是神意。

　　好像才是真，才有真，好像在想才是用精神。

3/31 ——**開襠**—一切動先在原地開襠，以開襠為勁力，彼即跌出。今與人練，一切以開襠柔肩處理對應，則屬害無比。要切實做到單純以開襠對應，他處不可亂

動，則無人能敵。

4/1 —— 練用身磨擦空氣似的。

4/2 —— 用開襠化發仍有效。

　　旋點化發—發人用以周身之力旋身中一點發，勁極大。

　　柔身—我只管做柔軟身體，不管他的壓，勁反而大。

　　旋點柔軟—動以旋身內一小點，並柔軟身體。

4/3 —— 打拳時，在心裡上一直把襠胯開大，隱去肩臂，方能柔而有力。

　　心中旋點—不必運氣，以心運轉一小點，勝過運氣。點在身內外任何處都可。

　　動移時，不要用動，用心旋點、開胯旋點，此為高級拳法。

　　不要動，只要轉點，實質上已在運氣。

4/5 —— **腿腳得機得勢**—不管是怎麼進退顧盼，下盤一定要有機勢。腿有力，腳不浮，腰要活，襠要開，胯要空，只要襠胯開好，就可以做到。同時踝要旋，

腳有根，膝要扣，此皆要不用力。

　　檔胯蓄發—兩胯分為蓄、為化、為引，合為發，沒有其他的動作。做時要周身和順、舒暢，氣歛入骨。

4/6 ── **柔無底**—即不可撐、頂、僵，要一直柔下去才對，深不見底。

　　順、舒、隱、柔、歛、纏、旋、轉點、好像、意抖身不抖、開檔寬胯、挖。

4/7 ── **動腿鬆身**—推手只動大腿部分，只要隨勢而動就可以，身自會鬆，是很實用及練根勁之法。彼無論怎麼攻守，我應對時只要一動腿即什麼都解決，他處要一點不可動。

4/8 ── 用何處，點就在何處轉。用大腿就要在大腿中旋點，轉要與足跟點合轉。

　　胯頂接力—對來力不可只以柔身接，同時要以胯頂接，丟開肩手以胯頂接來力。

4/9 ── 打太極怪拳以舒柔身體，即心中用怪怪的姿式來打拳，於是周身舒柔。但要保持兩腿的機勢及檔的開放。

4/10 —— 養心最重要。要在清靜無為中寬容、忍讓、空淨、慈悲、有愛，清靜就是心中無干擾，存善去惡，無為中自有有為。太極拳本是修心養性，乃入道之門。

4/11 —— 腿腳著到力很穩實是拳（腿穩腳實），空空無力的不是拳。

4/12 —— **心在應敵**—每動心意不在做招式，而是應強敵，如是兩腿實在。

　　腿腰一氣—腿是大腿部分，由腳而腿而腰要完整一氣，要能感覺到是一氣的感覺，能如此，則應敵得心應手。

4/13 —— 怪即柔即化，柔化用怪。

4/14 —— **不倒翁**—倒時以腰、大腿或小腿，拉腳上來。（要怪身才柔）

4/15 —— **動纏合一**—要怎麼動就怎麼纏，要怪，要作勢，要化。

　　無論攻守，氣都是向下向內吸，向骨內吸。

4/16 —— 授彼等以拔鞋跟發。倒就倒，只要小腿不倒，身就不倒。

往冷處纏—繞過實處，纏向虛處。

4/17 —— 發用放光最便利，放中有收，不可只放不收。大可放至天際，同一時間由天際收回。

以意用兩臂之勁行腰胯纏絲。

4/18 —— 每一動都是由開檔扭胯而成。

以氣充掌臂之意，纏周身之絲，用化貼纏住對手，纏入彼虛。

4/21 —— **螺旋要快**—旋時一定要每關節定住不轉以為軸，或各關節轉時，腰脊定住為軸不轉，或腰椎轉時，各關節定住不轉為軸。只要想向一個方向轉旋即可，不必想纏，有轉有定就已有纏。在骨內轉，在肌膚轉，在身外轉，但都要有相對不轉之軸。

一面化一面轉，一面拉扯內勁。

4/22 —— **放骨鬆身**—心想全身骨頭都放它自由，讓它休息不做事，則周身空鬆。彼輕力推來，我即用此法，比做功法好得多輕得多，用於引勁落空十分輕

妙。

　　彼後化，我不可只用隨進之心，要在隨進之中，用將彼拉吸回來之心，彼一定跌出。我要撥彼時，用將他抱回之心。

　　發勁不用腿力，發力反大，心中要這樣想，任何發都是如此。

4/23 —— 伸腰脊兩腿已著力，故可用之於發。

　　撐腿應對—應對不可用常態的動，要用腿，用腿就用撐，在心中撐。

　　陰陽吸氣—蓄為上氣海吸下氣海氣，發為下氣海吸上氣海氣，力甚大。

4/24 —— **處險**—隨時處於險境似的，在怪中做，如此下盤穩實靈活，此即「須認真」。

4/25 —— **湧泉氣海**—上下氣海之氣與湧泉相通呼應。

　　進，以下氣海吸上盤用吐，腰臀下壓。

　　退，以上氣海吸下盤用吞，臀腿上提。

　　進退均連及湧泉，用時要輕鬆不可用力為要。

4/26 —— **掌勁**—氣由內外勞宮吸入掌骨後，貫向手

指、掌沿。

心旋關節—心意欲使某一關節或數關節旋轉，則周身氣旋。

用本能想動肢體總是不對，用上下氣海帶動內氣遍流周身就對，一切全是在用意。

4/27 —— **力由脊發**—勁全在兩腿兩臂，一當心想脊椎，真氣立即發動，發力大增。

氣海鼓盪—只有上下氣相互分合鼓盪，已沒有「動」。

腳底有針—假想針刺在腳底，不敢用力，則就不用腿力，力更大，且腳之跟力亦增大。

4/28 —— 打拳在身內打，腳內也在打，不在手上打，在身內拉扯，將彼順勢粘走帶走。

4/29 —— 腰胯腿腳全順暢，為身法之最重要功法，氣貫於掌臂。

發勁要以氣在腰胯上下旋轉，勁才大，加上縮勁更大。

9、「往復須有摺疊，進退須有轉換。」

這在動作中是一個非常重要的基本要求，以保持在動作中身體綿綿不斷的鬆柔。摺疊是使內勁像一塊布一樣的有折疊的感覺。轉換是在由進變退、或由退變進時，內勁要先改換，方能保持柔綿不斷。要做到摺疊轉換，只要在動前先求鬆柔即可，動必先柔。

10、「極柔軟，然後能極堅剛。能呼吸，然後能靈活。」

柔軟與堅剛分心性與肢體二方面。在心性方面，彼以剛強攻來，我以柔弱退讓的方式因應，彼攻勢一定消失於無有，即是太極拳的以柔克剛。彼愈猛，跌得愈慘。

在肢體方面，太極拳棄外力而用內勁，愈不用力愈柔軟，內勁愈強。故有愈不用力力愈大，愈輕力愈強之言。愈大愈強是指內勁，所以柔軟是可產生剛強的。

呼吸是內氣的內呼吸，非口鼻呼吸空氣。內呼吸是指內氣的開合鼓盪，能使內氣在身內行呼吸，就能很靈活。

4/30 —— 全身勁之動都要反應於腳內，腳才有根，身才無僵勁。勁在腳跟內，身與腳分為兩極，不可不分，不分則勁亂，就成亂動。

呼吸雖在上下氣海，但著力點在腳及肩、背，上下氣海放空不著力，則勁奇大。

5/1 —— 肩氣鬆沉下去，就貫入腿，可以蹬地。肩氣下沉用心纏兩手或臂，全身都纏。

5/2 —— 著力在腳，身才全鬆。

心打身不打，身無力，勁才真大。

5/3 —— **正動**—將腰椎拉至尾閭，身極柔，要有此感覺此為正動。不這樣就亂，身不柔為亂動。對付來人，不用對付之心，只用腰椎尾閭互拉之心應對，已是應對，全身已有變化，即已以腰腿應對。如此打拳應對全是腰胯之運動帶動，配踝之旋扭，一切之變化全是腰胯尾閭之變化。以他種方式，無論怎麼做，身上都有僵力。

主要在於氣貫於掌，勁就大。

5/5 —— 打拳用心打身不打，練心，即用意不用力。

或用動中求身動心靜，心動身靜，動靜合一。

5/8 —— 有冰即溶，冰乃僵力。

　　撐腿旋踝，力大身柔，全是腿與踝的活動，身體一定柔，有冰即溶。

5/9 —— 假想足跟中有小人打拳，練踝踵之氣。

5/10 —— 發人用一小點之力，反是全身之力。例如，用掌中一點吸對方之氣，或用腰椎一點吸入彼氣，可不動形發人。並不是將氣發出，而是吸入。用我之點吸彼身中之點，只要一吸，勁就出，很快，非常快。

　　細碎內變—意想運用滿身細粒狀的小點作內在變化，不用整體變化的思想，這樣反靈活，勁才整，就不會在手腳，而且腰脊空虛，制人或走化都應如此。

　　吸入細絲發力大，例用外面許多細絲從掌根吸入，身不動，力甚大，且易發。

5/11 —— 旋纏用縱向縮骨之力，並旋轉關節，一縮即旋，一旋即縮。

　　發時將外氣吸入身內，勁大且快。

　　一切變化都在下盤不可在上，而且不可讓上知

道，下盤變化要順暢。

5/12 —— 以意用腰將手吸入腰內之勁發，勁極大。
　　想到將細絲從掌根或足跟吸入身內發，勁才真大。
　　胯頂接來力很實用且必要，用胯之頂接來力。

5/14 —— 以增強腿踝中碎粒變化之意想，增加下盤之
柔軟度。以僵處拔地即柔化，彼壓來，我以僵拔地，
僵即化淨，周身柔。以僵處拔地挖土為走化之佳法。
　　放骨自由，呼吸運氣已在裡面。

5/15 —— **一移即纏**－身向左右前後移即配以纏，同時
拔地，心中有定住不移之意。以僵拔地以求柔，移身
用胯。
　　如一想用動手變形，即以周身纏勁代之，手未動
身勁已先纏。要想用腳也一樣，未動已先纏。要以動
帶動纏，也就是先有動，後有纏。如要出拳或腳，均
要想得遠，身上纏才能完整。
　　要做招式，先不要見於形，先只心中想，周身纏
即產生，然後帶動形動。必先只在心裡想，形不動，
內勁才能纏。以纏產生動，即先想形動，形未動氣已
旋的意思。

5/16 ── 胯一動一開什麼都解決，他處全不自動才行。

5/17 ── 意欲動即先求柔軟，心中保住原形不動，但形仍在動，乃能下盤動上盤隨動，即雖動，心中存有柔而不動之心。身體分虛實二部分，彼動此隨，以求順暢平穩。

　　上下相隨─上動，下要相應調整配合動，下動，上也要相應配合變動，這樣立身才能保持平穩不倒。如果不相配合動，身上就會散亂，兩腳不穩。總之，此處動，他處就要配合動。不動處配合動處，不可只有動處動，如此才能周身一致動，而成周身一家動。

5/20 ── 腳背上筋先調整平穩，人乃不倒，有時要調到小腿。

　　「一舉動惟手先著力，隨即鬆開」，勁即到周身。

　　手要纏而即停纏，全身勁已甚大。心中以很大之力脫離與彼推手之想，但非真脫離，脫離中自可制人。

　　只有呼吸沒有動。

5/21 ── 想用力立即不用力，即改為內氣旋纏呼吸，

也即想要動移立即停止，自會改以氣動。

5/27 —— 腰胯動而不移，即雖動而心中有不移之意，這樣下盤穩而身柔內勁生。兩腿要活，要變，要動。

5/28 —— 練的完全是內勁、氣勁，所以要完全拋棄肢體之應用，把內勁練出來。打拳架全在練內勁、內氣之應用與培養，打姿式是空求白練。

平時意想有人在我腰椎的一節內打拳，內勁即在身內活動，即已是在練拳。

5/29 —— 熟練活動腰腿為要，要做到上身不參與，只活動腰胯腿腳才切實際。

練用合一，一定要無人若有人，有與人攻化之意，否則只是空練。

不忘挖土，或寬胯，或用檔，多練臀底胯頂之用。

意想用實處挖土，身即柔化。上身勁交與腿用。

實處不退不讓，但內在氣勁仍要鬆化。

5/30 —— 身纏手不纏，身纏心不纏，心纏意不纏，骨纏筋不纏，凡此有正即有反，才有內勁。

纏即化，化即纏，化有溶、散、挖。

化纏一體，處處有纏。

發放完全用意不用身，勁大。不用身，反是全身勁。又如發時不用脊，不用骨，勁均大，由於均在發動內勁。

5/31 ── 在動時，心中要有刻意保住周身不動之意，此乃保持身之鬆柔，然後全是周身呼吸開合鼓盪運動。

動不離怪趴，氣向下運於腿，意勁如樹之根鬚。一趴襠胯均開，所以趴不能少。

怪趴開襠寬胯，一趴襠胯自開，氣自下沉於腿。

趴，只以意作勢，身並未真趴。一趴氣自下沉，襠胯自開，腳自有根，故動非本能亂動，以趴代動。進趴氣自吐，退趴氣自納，故欲吸氣時用退趴，欲呼氣時用進趴。一進一退全是趴吸、趴呼，亦是一動一靜。所以哪裡有動，只是趴而已，如一動一切都沒有了。

一怪身即柔，一趴身即動。趴只是心中在原形原地趴，一趴兩腿即有力。

努力將氣下運於腿，與地下氣相吸相引。不停地怪趴裝模作樣，裝模作樣才有意氣，才有真。

6/1 —— 打拳全在用腿，只要向下一趴，立即勁沉於腿，上身全柔。如未趴，上身一定有力，沉不到腿，故一定要以趴代動，且可帶動呼吸。一趴呼吸即順暢，力量又大。

怪怪之意不可離，動亦怪，靜亦怪，一動即怪，一怪即趴，一趴即呼吸，全在求胯腿之順暢靈活，靜也一樣。呼吸是指內氣的內呼吸，非以口鼻呼吸外在空氣。

凡動即怪，挖、趴、寬胯、開檔、纏、擰腿。欲纏心想不要纏，反而纏得很厲害。纏者乃內在氣勁的螺紋旋轉。

6/2 —— 改用胯頂，即腿穩腳實，一直怪就一直柔。

6/3 —— 打拳架作將上跳之姿勢，保持上跳之勢，則周身下沉於腳，且氣沉丹田，呼吸即可配合動作。打拳保持將要上跳之勢，於是鬆沉等要求一切都有，如沉肩等。

6/4 —— 心中以動中不動，進中不進，求鬆透筋骨，拋棄肢體之能，心中愈不動，愈不進，身愈柔，勁愈大。

發人要以不肯發之心，愈不肯發，勁愈大。

推手時在腿是去僵力，上身是讓，胯頂以迎而不迎，以迎敵。

欲倒反穩—打拳以受推而欲倒之心身即柔。練以腿穩身，與怪趴、欲跳之勢，均屬以腿穩身，均甚重要，均為柔上穩下之心法，則上柔下實。人加力於我身時，我必下實上柔以應，好像欲倒反而可不倒，與斷腰同用，有時可用腳踩空欲倒之意練穩身。

6/5 —— 心中只有運氣沒有身移。打拳身不可移，不可動，只有怪趴中運氣柔身，全是運氣，身自隨動，身移中不移即動中求靜。

打通周身氣脈，因應外來任何變化，自己專心運氣即可，因既已運氣，身體即已有變化。用怪趴作呼吸之意，意動氣動，氣動身動，腳上似踩空則氣貫於足，足即有根。運氣用纏意，要用不纏之意產生纏。

心中只有怪趴柔身、鬆身欲跳、屈膝蹲身、縮身下坐、一足踩空等意，不可移動做動作，只作運氣即可。運氣用纏，用纏中不纏，不纏反纏，運中不運，不運反運。一趴即有呼吸，因此氣足。

趴意很重要，一趴即怪，身即柔，氣即動，可以帶動一切，兩腿即有力，腳即有根，所以只要趴不要

亂動。

進趴為呼，退趴為吸，呼吸全在於腿，即下盤呼吸。上盤避做呼吸，讓於下盤及腿中做，腿中呼吸愈做愈順暢。

6/6 ── 打時心中把欲打出去的力留在身中，力就大，即是勁。

動中不移──一定要在動中心中有將身形不移不變之意，才能有內勁，增進功夫，即「**靜中觸動動猶靜**」，即在動的時候，心中要有身形仍不變不移之意。

不但不可動移，亦不可呼吸，凡呼吸均在下盤，進趴為呼，退趴為吸，呼吸之根在腳。力在腿，主宰在趴，氣貫於指掌，周身氣要不運反運，不纏反纏，直貫腿中，往來順暢。

進用趴，退用坐，均用縮身蓄勁下沉來動。

拳不作身之動移，只作怪趴欲跳，一足落空，兩腿分翅等。呼吸在腿，氣之根在足，貫於指掌，遍於周身，入於骨內。

6/7 ── 推手乃用意撐腿，將背腹中氣吸入腿內，以胯頂接來力，撐腿應對，於是腳不踏實而自實。足時時踩空，以使氣勁沉於腳。

11、「氣以直養而無害，勁以曲蓄而有餘。」

　　直養是自然的養，不是以人為刻意作如何如何的呼吸。養是養內氣，外在空氣是不可能養的，以自然的方式養，就不會有危險。勁要曲蓄得充足有餘。

12、「心為令，氣為旗，腰為纛。」

　　旗代表兵，纛是主旗屹立不動。言以心行氣，繞著腰旋轉。陳鑫氏云：「心如將來，氣如兵。」

6/8 —— 氣全入腿，全是腿腳用力，身始純柔，用腿
腳擰扭呼吸。

6/9 —— 兩腿絕對要柔軟無力，有力就不是在練。

　　發人用拔鞋比用氣吹要實用，因彼一點都不知，
故發用拔鞋，並用虛吸自己足跟之氣。

6/10 —— 心靜神提意專，用之則大不一樣。前6/6記
動用趴意進行呼吸，今用「凡動身先著力，隨即鬆
開」，亦可收同樣之效，也同於「心動身不動」、
「身動心不動」，都可柔身並呼吸，亦即「未動先鬆
身」及「欲動先開檔」，均有相同效果。

　　動作配合呼吸（動之要義）：

　　1、凡動身先著力，隨即鬆開。

　　2、未動先鬆身。

　　3、心動身不動，身動心不動。

　　4、欲動先開檔寬胯。

　　全是腰腿以下在化，攻擊也是用腰腿以下在化。
任何動都是腰腿以下來化，壓力雖在上，化在腰胯以
下。

　　現在可以歸納為任何動作，都是在腰以下，腰胯
腿腳之變化，向下動到地下，任何姿式都是這樣做。

6/11 —— 主要是用胯腿化，腿柔軟。

腰開中有合，合中有開，類似用趴勁，用腿配合開合。

6/12 —— **以肘消僵**—身有僵力，將力交與肘，身即柔。故力要時時交給肘尖以使周身勁與腿勁配合一致。以胯頂避頂之心來動。

心中用肘之力，即心中以肘用力，則身柔。即將力運集於肘，身即柔，以肘勁啟動腿勁。

勁要變化活潑，「**因敵變化示神奇**」，使彼不可捉摸。不可呆滯不變，為敵所乘。要變得好，變得空，變得巧，變得妙，讓彼處處落空跌出。即「**變化虛實須用意，氣遍身軀不少滯**」。

上臂運氣—怕推倒，趕緊將勁交與兩上臂，以上臂穩身，即在上臂運氣。要制人粘人亦運上臂之氣，通於脊椎，入於兩腿。主要是因氣在兩臂，身即無僵力，但仍有勁。

6/13 —— 要上下身氣相連一氣，繞過湧泉，始周身鬆柔。 有其他動作動靜，只有上氣下運，意注在腿，上下一氣相通。

6/14 —— 用胯頂來動就可上柔下實。

使上下氣周身勻綿（用腿勁使勻綿），周身即柔軟。

6/15 —— 節節貫串，周身均勻，一動無有不動，其根在腳，一切招式都是如此變出來的。不是用手，不可自己想做招式。保持周身氣上下均勻，則身柔如綿，剛如鐵。

6/17 —— 上氣下合，周身均勻，內勁性質大不相同，強甚多。也可用節節貫串，隨時保持筋骨輕靈。

6/18 —— 虛領頂勁，頂已最高，沒有東西可予領起，故以意識，好像領起即是虛領。

練時一定要有虛領頂勁，使氣上達於頭頂。天氣由髮旋、腦蓋骨、頭皮下入於腦，再下沉於湧泉，湧泉吸入之地氣，上達於頭頂。

正反—既是太極就要有正反，練拳不在拳架姿式，要練動靜、剛柔、開合、屈伸、收放、呼吸、蓄發，欲進即想到退，欲動即想到靜等。

6/20 —— 太極拳是練心神意氣的虛無空淨，虛靈是在

虛無中有靈敏的感應，如鬼神精怪，無論是邪是神，都是虛靈，在清靜無為中練。

一定要心中有纏意，勁才大。（故一纏臂勁，人即被制）

6/21 ── **柔身練腿力**──兩膝微屈，配以頂頭懸（周身筋骨懸於頭頂），以腿使周身柔綿。

用專想西遊記中孫行者通天本領的神話，不執著拘泥於肢體，對周身氣勁的運行很有益。或想拳招，只用意識，不用肢體，只用思想就可以，不要動到身體。

用手著力纏，則全身勁出。（要身上不著力）

6/23 ── **怪怪學動物**──打拳先要怪趴學動物動，動全用腰胯，他處關節避免動，因腰胯一動，全身都一起動了。

不可只柔而已，要連續不斷做柔，不是一柔了事。

以腰胯之氣轉圈帶動腳動來動，不是自動，是旋圈與柔身配合使用。

柔中有旋球，旋球中有柔，就是動。

太極拳以柔克剛，不柔就不是太極。無論攻化都要把身體調柔，以柔制勝為太極，用硬，即使勝非太

極。

一頂即纏——一遇頂力立即以纏化制之。

打拳無論如何要好像在一條小舟上打拳，隨時求定力，使兩腿穩實有力，以單腿穩身。

6/24 ── **根感不丟**——人似在小舟上打拳，無論怎麼動，腿上要有根感，則身極柔，腿極穩。心中把根感放在第一，配以頂頭懸。

腰腿用法——腰腿順暢，全用胯動，似在小舟，根在腳，不用腿，腿無力，檔胯寬鬆，柔腰腿。以胯關節為根纏，勁大很多。

6/25 ── 在柔身中，用沉肩墜肘等變化，甚有效果。

檔胯坐下，上身即空柔，感到不怕人推就對。尾閭、仙骨、腰下落即不怕。

氣要在外，不可在身內，在皮膚外鼓盪外氣。

發勁用氣充於掌後收回，勁極大。只把手上氣縮回也可以，不必氣先充於掌。

以髓吸彼，發力奇大。

與其練柔，不如練求周身順暢。

發是以扶彼跌倒之心，非前發。

6/26 ── **無底深淵**——人觸我，我如深淵般不可見底，

煙消雲散。

今只以尾閭腰椎插入於地，或伸縮全身避開用自動，以此變化全身勁，擊退敵人。

外氣鼓盪，合天上雲，旋合大海水，劍峯骨（胸骨柄）合嵩山頂，專以此鼓盪天、雲、海，打拳甚妙，內外氣自然鼓盪。

力出於身外宇宙萬物，不用身內力。立身之安危繫於身外，不依靠自身，一切全用身外，忘掉身體，即忘我，以骨吸天地氣即可做到。

6/27 —— 腳著到力身就柔，也不能用腳之力，一用身上就僵。

發勁不是向前，而是縮骨入腳。

6/28 —— 節節貫串可用縮周身骨入腰椎。

發勁用一點發光發，或實點發光（實即變虛），或以點吸彼。化發運動用一點呼吸收放。

發勁不用身，用點與外氣鼓盪。

出掌擊人不用打，只用外氣舒身柔身即可。或以一點合外氣鬆身。

不可用手擊，只用外氣鬆身勁才大。一用手即為手力，一點都不可用手打之意，反要柔臂鬆身。挖彼

身，用背後外氣挖彼。

前頂時，內氣雖遇頂，但仍要有向後化之意，以化實為虛，使彼落空而後退，以虛迎實。

6/29 —— **胯頂吸彼力**—發勁總是不能用向前衝，只有吸彼力，或用後縮勁。

頂時不能直接用實胯，先引彼至他處，再用胯頂吸，或將實胯鬆開，實處自移他處，再用胯頂吸，彼即後退。

完全用（依持）外氣擊人，或對應。

胯頂吸彼力用於粘化，平時也要不停地用胯頂吸天地之氣。

假想身內有二薄片（上下）用意使開合，上下開合，凡動都如此。一定要兩腿好像使勁應付對手，類站在小舟上。

主要要會應用胯頂攻化，要練習。

進用趴，退用挖。用好像用力之意學動物，腿上已有勁。

6/30 —— 今覺應對一切快速攻擊，全用胯檔先應，如化不掉全係胯檔應變不及。另胯檔之變化為調整踝胯，以踝旋扭以助胯之變化。

全在胯檔踝之扭旋變動，有直線進退，扭旋後就無須直線運動，並可帶動手上纏絲。

不可運身內之氣，只可用意想身外之氣，不想身內，想身外前後上下左右之氣鼓盪，有前即想後，即想到前即立即同時想到後，使相合，上下左右亦同。或想氣在吾身四周旋纏。

7/1 —— 以趴迫之，彼若頂即以挖擾，趴乃誘彼頂，頂即挖擾。

推手只有以胯向內斂氣縮骨，將勁藏於密，不可以意用氣進迫，即使攻時也要內吸。攻制人時用纏化，也是內斂。

無動不柔，用胯檔靈變亦要向柔走。

呼吸用骨髓合小血筋或小血筋合神經、皮毛，呼吸內氣（非空氣）。

7/3 —— 要有腳底踏實之意（踏實即有根勁），全身力落在腳上，這樣比作勢跳還實用，氣即貫掌心足心。總之腳底踏實即可，不踏實即無根勁，要微微屈膝坐胯，力才能到腳上。

7/4 —— **活胯柔腿**—要將身懸於腋下及兩脅一側，周

身即柔綿，任人壓均柔軟無抗力，主要柔胯腿，向下柔。柔時周身骨節都需配合調整，方能柔得順。

調身柔身——柔身不能只用鬆化，要調整關節方柔得透。就是要調整身體內部骨節之位置，而不是只是鬆化，調整時根在腳。彼力壓來，我身體內部調整虛實，一變動，彼即落空。身上出現僵力時，即調整骨節消除之。在鬆化中調整身，調整中鬆化。

7/5 —— 柔腿軟腿，就有頂頭懸，柔胯柔腰，儘量找機會柔，好像使力，但仍柔軟無力。

7/6 —— 節節鬆靈，隨時保持之。

動時力起於腳，身上方無僵勁，無論怎麼動，都要歛氣入骨。

以調整身體或開檔來動，均屬柔身之法。（調整身體，使檔胯坐實，力即沉於腳，身即柔）

7/7 —— 調身主要調腰胯，綿綿的動，綿綿的調，調身即柔身。昂首很重要，一昂首身即柔，而且昂首乃舒伸頸椎，龜鶴常做此動作。

用逆呼吸，吸氣入仙骨八洞，小腹內收。呼時吐氣，小腹外凸，即將氣沖入小腹。

7/10 —— **輕輕擊發**——以意由髮旋及湧泉，吸入天地

13、「先求開展，後求緊湊，乃可臻於縝密矣。」

是言內勁，言內勁先予擴大，再予收小，這樣就可以無微不至，達到充實細密。

14、「彼不動，己不動；彼微動，己先動。似鬆非鬆，將展未展，勁斷意不斷。」

言對手時，對方未動，我不可動，靜待彼動。彼若稍一有動，我就要搶先跟著動，並非亂動，而是要「捨己從人」、「隨曲就伸，俟機搶其先機。

將展未展是將動未動的狀況，身上就自會似鬆非鬆。勁若是斷了，意是不可斷的。是言運作內勁的情形。

氣，入擊發處擊發，簡而易行，越輕擊力越大。

7/11 —— **太極棒**—太極棒（在心中的一支棒），只用此棒避用身體、筋骨。棒在身內身外均可活用，只要機勢適合即可。

以腰腿胯軟化，對來力一律用下盤軟化，頂頭懸自生。一般相頂，都是用腿頂的，不可頂，要軟化。每頂都要化脫，功夫全在腰腿之軟化。練時假想自己已被迫住，然後以柔腰腿化脫。推手被頂迫時，也用此化脫，並搶勢。

7/12 —— 兩腿兩臂一起纏繞力即大，纏向腰椎。

7/13 —— 柔化中要接彼硬，心存發之。

軟腿即生頂頭懸，再求節節鬆靈。僵時以昂首伸懶腰柔之。在柔中接硬，不可只心想柔身，同時要調整身體，使節節鬆靈。

太極針—太極針（在心中的一根針），用意運用旋轉針，全體氣已動，可結合外氣，不要亂動身體。

7/14 —— 虛實要專研精研，勝負全在明虛實，虛實即陰陽，即太極。

呼吸在腿，活潑在胯，得機得勢要用胯搶。

7/16 —— 沒有身體動作，只有氣之鼓盪開合，才算
會拳，是心神意以周身之氣與外氣鼓盪，不知即不知
拳，是空練。

7/17 —— **無力感**—任何動靜心中都要感到周身無力可
用，如此柔身即內勁生。

　　下勢—勢勢都要有下勢之想，到不能後退時就用
下勢，下身掛於腋下一脇，沉於腳。不可撐，不可用
中間掛，要用一脇，以現虛實。

7/18 —— **迂迴轉進**—雙方相頂成膠著時，我應棄原
有之路（勢），改走可走之路，即棄實用虛，一是自
己作成被頂被制之勢，待虛實明後，即棄實就虛出其
不意；一是自己作成制住人之勢，再用虛實擊發，要
氣充於手，是用身擊不是用手擊，勁不可離腳，要用
腳，離腳則腳浮，腳要有根。

　　腿一直要好像很用力，身才柔。

7/19 —— **真打實鬥**—假想在僵持中纏鬥，變化萬千，
以虛實之應用為首要，在走拳架時練之，以練神養

氣。假想與強手奮力搏鬥，非用力來搏鬥，而是運用心神意氣。

　　螺旋棒—在身內身外均可，旋轉一小棒即有纏勁。柔身用把整個胯腿放下去，身即柔。

7/21 —— **動中丟腿**—即柔腿，一定要腰一動即丟腿，身才柔而有頂頭懸。

　　變易不居—此指內變，周身骨節只要變動靈活，即能應付一切，使彼處處落空，所以拳全在變，要節節鬆靈，節節斷連，節節靈變，節節貫串，周身輕靈。

　　貼纏，邊貼邊纏，用於進迫。

　　吸纏，吸中帶纏，用於攦。

　　撈纏，纏中帶撈，撈彼之實，用於捉拿。用己之舒適處撈或吸。要用心纏，心裡想到纏外物，是心願之作用不是力，心願動氣勁即動。

7/22 —— 纏用舒適處纏。

7/23 —— 凡發放均是在用勁，沉之於腳底方能發出。以腰胯扭動吸前面之氣，把彼身中之物用意吸回。

　　發用抱肚隱化、溶冰、放檔趴、旋舒適處關節、

太極棒飛出、意旋遠物、實變虛、用身之舒暢處發。

7/24 —— 用舒適處纏或動，彼不動己不動，彼微動即
纏制之。運動用腰椎拉扯兩胯兩肩，內練筋骨。

7/25 —— 主宰在腰發於腿，是腰主宰腿，但不出力，
勁自然即由腿發，而腳亦即有根。

7/26 —— 雖背實順，順彼之勢作成背勢，背中有順，
而人不知，作背勢實是取勢，要處處作背勢，處處在
取勢。

7/27 —— 作背勢中就有取勢之作用，作敗勢實際上是
引彼進入我勢。走化要用轉動適宜處之氣球，不可只
鬆散鬆沉方有根。

7/28 —— 發勁，用隱身吸氣，蓄勁吸氣（以虛處吸彼
身後之氣），丟胯、軟腿，一動即化，一化即蓄，一
蓄即隱，一隱即發。

7/29 —— 纏時實處化，虛處進，實溶虛吸，用虛處迫
彼退。

7/30 —— 螺旋體，臀與腰互轉使身內勁成螺旋狀，比纏絲之力強並效大，故要做螺旋體。蓄，化也蓄，發也蓄，不可無蓄，螺旋體也蓄，不動不蓄，一動即蓄（蓄中更要有隱），未動先蓄，一切用蓄來解決，使身內勁用不完。

隱身蓄—無論如何，隨時兩大腿都要有上抬之勁，或吊襠縮腿，才能身柔跟有力，以隱身蓄勁。

呼吸由腳起，使上輕下實，勁要在腰腿，腳有根。呼吸之根在腳，氣之進出口在腳，到達百會、勞宮、臀骨。

用腰臀互轉使成螺旋狀，隨勢蓄隱，順勢變化。

7/31 —— 旋螺旋勁，轉臀底與腰片，不要用力，轉時用舒適處之勁。

8/1 —— 無論如何，氣宜沉於腿，貼於地，要有此感覺，不要上浮。

全身隱到一腿之骨內，攻守用腿，上身藏於一側之脇，以腰助腿，腿似很有力似的。發放用舒服處，以舒服處迎接彼硬力，纏彼硬力並柔己之硬。

要改變思想，全體隱入腿內或腳內，同時單純找

機會覓擊發之勢。（稍有動靜腳腿腰已先因應，尤以腳掌要先因應調整）

勁（意）不離腿，足不離地，肩不管事，身不亂移。

忘我練氣，不想自己，只想天地、五嶽五星、天干地支、星斗雲水等等，以神意指揮之，如用五嶽或五星合向我身則氣足。

以神意鼓盪水火風日月星之靈氣，不練已身，只練天地萬物之動靜分合。我身已融入天地萬物之中，不再運氣，只用意想，推山入海，海雲相接相吸，星斗吸放，狂風大作，海水翻騰。

8/2 —— 隱入腿內，作勢待發，發不是向前打，而是用腰胯把彼拉回。

動—以挪腰為最好，如挪褲、挪襪等，不停地挪。挪實是在扭。

發—不外是將力集中於腰腿發力，其法有吸彼氣、拉彼回、挪褲、挖土。

呼吸—用挪腰之力來帶動呼吸，一點都不可自動。

8/3 —— 動先用腰胯拉扯筋骨，絕無自己亂動。挪腰、拉扯筋骨與關節。

腿腳先應，對來勢一定是以腿足先反應，方能根基不浮。自己主動也是以腿足先動，所謂勁起於腳跟，腿腳先有反應後，再用腰椎挪，或拉扯內部應對。此亦即腳不離地、動不離腿之意。腿足反應之同時，將身隱藏於腿，不使人知，用腿腳將身吸入腿腳，成**腿腳先應→隱身入腿→拉扯筋骨（呼吸運氣）**之程序，一氣完成，此時更應**意合天地、歛氣入骨**，使彼空無所覺。

　　不作己動、不變己形、不移己身、不出己力，全在用功法，在動作中心求周身輕靈舒暢。

　　要用技巧，如甲處做敗勢，乙處即有發機。故要多做敗勢，以取發勢。

8/4 —— 敗勢才是取勝之勢，就是引勁，就是蓄勢、發勢。動不離腿，腳不離地，不作己動。隨意站立為虛無，屈膝下坐、氣貫手足、沉於丹田，有氣產生為無極，以意運氣轉化運行則生陰陽是即太極。一靜即無變化回歸混元為無極，意一動分出兩儀即生太極。太極陰陽之互變，為太極拳之本。

　　看不見真的，就不知道什麼是假的。

　　腰胯扭彈—發放，用扭腰胯即可，而且簡而效佳，要在扭中練腰腿彈力。

敗勢即蓄勁，發時或只扭動腰胯作彈放，或作隱身，或吸遠方之氣，或腰被擋住不能前之意。發時繞過彼力，不可用頂彼力來發。頂抗時攻彼虛，鑽彼之隙，發時一定要從彼之空隙處鑽入，一定成功。練拳架時存心練鑽彼空隙。先練知如何動後，即應練鑽隙。太極拳的動非一般性的動。

　　懸身腋頂，故動時常常用昂首，敗勢時或平時均要將身掛於腋，腋掛於頂，在彼猝然重推之時，即無下身之撐頂之弊而可柔化。

　　敗勢既可柔身，又可蓄引，敗蓄至一側一處，則可用之虛勁即多。

　　彼壓來，我順勢作敗，愈敗勢愈好。

　　敗蓄要向得機之處敗蓄，求順暢。（敗是取勝之道）

　　擊發用腰胯向左右兩側撐開，勁才大，手只是撐扶彼身，心中要著到彼之實處才生效。

8/5 ── 不可只運氣，要同時在內心變形變勢，以腰椎一點為軸心。

　　運氣變招──運氣是內部變招因應外感，從腰椎一點變起，不斷變招，不斷運氣。

　　發，用骨內氣吸彼發，人亦不知。

旋腰運氣變招，敗勢得機順暢，昂首腋頂懸身，寬胯扭腰鑽隙，將展未展彈發，變招鑽隙發放。

發，其實用吸彼回發最好。

變招鑽隙，發用運氣變招。

8/6 —— 心神先行，以心神應對，任何動尚未動，心神已先動完，如一個招式尚未動，心神已打完。

身倒心倒反不會倒，存敗倒之心身極柔，立身要有可向四方敗倒之勢勁，但身倒可以，小腿決不可倒。

不作己動，只作骨動，以求身柔。

每動都要有應對之心，如蓄發、引化等等，並非只動而已。

連續纏法—即內在氣勁一圈完不能再轉時，以腰一調動姿勢即可連續。

隱身入骨—用隱身入骨發則手不動，全是內勁。

8/7 —— **伸個懶腰舒舒腿**—有此意即可，凡有僵用此意均可消除。左右兩脇如日月要交互使用才有陰陽，才能身全柔。一感危險即換邊避之，柔要柔得長而無底，不可一柔即止。

放棄意圖—意圖是僵的，放棄即柔。例如意圖進

15、「先在心，後在身；腹鬆淨，氣斂入骨。神舒體靜，刻刻在心。」

先有心中的運作，然後再動身。功深以後，心一動，氣動即動，身亦隨之而動。腹部放鬆，以意將氣收斂入骨內。神要舒暢自然，身體雖動，心中要求靜而不動，這樣身體才能鬆柔。刻刻在心，是隨時要全神貫注心中的運作，不可分心。這全是言功深後的運作情形，初學者自難以感受到，是要追求學習的境地。

16、「切記一動無有不動，一靜無有不靜。視動猶靜，視靜猶動。」

這是要學習與追求的狀況，動要周身氣勁一起動，靜要周身氣勁一起靜，太極拳是周身氣勁整體一致的運動，所謂周身一家，局部動肢體就是亂動，就非太極拳。在此情形下，外表看起來說是動，卻很靜；說是靜，卻在動。

攻，身即生僵，放棄後即柔，故有意圖即應放棄，即生內勁，方可柔不為人知，此即是用無為。

丟去已動，更佳，例如發勁用欲動即不動，令人不知我之發勁，即一有有為即改為無為。

8/8 —— 發有時機，時機一顯，用寬胯放檔扭腰腿或膝踝均可發，要先化後發，用放檔寬胯螺旋勁，隱身入骨周身柔，節節鬆靈均可發。

先化後發，有化即要有發。

倒就倒，腳不倒；垮就垮，頂不垮。

兩骨節在身內，一合即成發。如劍峯骨（胸骨柄）合尾閭，劍尖骨（劍狀突起）合劍峯骨，項骨合劍尖骨，或肩峯骨合項骨，找得機處相合。

腰胯在實戰，配以寬胯放檔螺旋體。用骨或皮毛放光發，力下沉於腳底亦可發放。

8/9 —— 用寬胯放檔化，一定要將小腿及腳跟一起動，否則腳浮。

8/10 —— 腿不可有撐力，要倒時必生撐力，放開撐力反而不倒。腿中上下旋圈，可幫助穩身。

放光發最好，接何處就在何處放，心中不要發。

用化更妙，一化即離，一離即發，令彼不知要用先化後發。

處處避著到力，無論如何動都要避免著到力。有著力處即放鬆，即使是寬胯挪腰等也是一樣，有著到力處就不對，螺纏等也要如此。

以實處吸地氣，即可化實為虛，先化後發可用之，加上不著到力更空。螺旋體用之尤佳，此全為運氣，但任何動靜都不可離腰胯，如挪腰寬胯等，需不作己動，只作腰胯動連到腳，或只作骨動。

用骨動，不可空動，即無勁之動，用骨就有勁，就有胯腳動。要以筋合骨，斂氣入骨，不作己動只作骨動，不用身應只用骨應。

不但寬胯，更要寬脊，將脊椎向左右擴大，包向劍骨（胸骨）。

直退化有限度，旋圓化深無底。

8/11 —— 氣由肘吸入脊，同時將腿氣吸縮入腰椎，對手已經有壓力而感危險。彼有任何動靜，我以螺旋對付之，快速無比，一想即有。故在應用時，在意氣之安排上要先由肘及腿斂氣入腰脊，將臍內收為基本。

8/12 —— **用發來化**—意即發時用發來化，即發中求

化，可使神鬼不知。

摸到彼身自己總是一陣化，用虛、溶、旋、隱身等等之方法化，又要化得靈、化得好，又要向前進貼，又要向後退，在進中找退，在退中找進，一定要這樣才有陰陽相濟。

在退中找進機，在進中找退機。

以腰挪兩腿關節，任何舉動均以此應對。意在一側脅，虛實互換，以之擊退犯敵。垮就垮，頂不垮；倒就倒，腳不倒。

寬鬆舒順去力不可少，有了再談別的。

8/13 —— 腰腿怎麼打人？只要腰腿動就是打人，但要不作己動，不用己法，不變己形，不移己身，不出己力，不離己心。只做以挪腰轉動腿關節，將腿縮向腰，如要倒時，立即放棄上身以腰縮腿。

腳上勁不能斷，要以腰運腿腳勁。

要想到合上天地，不要只在自己身內運氣，要以心運天地之氣，不只運己身之氣。

8/14 —— **力求站穩很重要**（增腿勁），身勢要學動物，變在腰胯。練身倒腳不倒，練身似柔泥之下塌。

塌泥——一動一靜都在做，動即生變化，靜則變化

歸於無。

以意將力集於一點，化發均極高。

要周身都著不到力才能柔，才能應用。拉扯筋肉也要著不到力。

發——在化中存有一絲發意，雙手扶彼而已。下發上化，一羽不加，實際上只是心中做個發的功法來發而已。一定要有腰被擋住了不能前之意，如此腿腳之力才是最大。同時要避實求虛，不觸彼身，不令彼知。

任彼如何來，我之反應為力集一點，可發之，亦可化後發之。如能力集一點，則全身柔，力由點發出，亦即點發身化。

8/15 —— 欲起腿時，用腰挪另一腿，將全身力挪入另一腿，腿即可輕鬆飛起。

挪發，意想把褲腰挪上挪下，挪上為吸中帶攦，挪下為蓄中帶發，為出其不意之發，即已在用檔腰。

周身雖動，但都要著不到力，不可著到力，著到力就糟，就是僵。

在頂抗時用周身使不上力來之心，該用力處使不出力來，為最單純有效之心法，可以省去許多功法。自己亂動時也是一樣，想要著力處卻無力可用。

化中要有發，用發之身法來化，明雖化，實是發。

8/16 ── 今與人練，只用意一想發，即可發出，不動用筋骨，比用身上之筋骨力反而大。譬如原要用腰腿動，不需真用，只用意想即可，反要用脫離彼勁之想。

身化心發，發勁實際上是化淨彼力為第一要件，同時用心想來發，所以當然是用功法，非隨便自動。譬如要把彼發到那一點，就用心意吸回那點之氣，或心想氣在那點上旋轉，又如用隱身入骨、力集一點、點發身隱等發。

八卦椿—依八卦方位倒下，心中存有每卦倒時都有依靠之物，或有繩子可套在身上拉住不倒，練**敗倒勁**。

陰陽功—拉拔腰腿關節，拉前面防後趺，拉後面防前傾，逐個關節拉。

四散驚飛—不忘發放存於化中，即發中一定要化淨彼力，不使彼有著力點，即身化心發，可用四散驚飛。事實上，在相頂住時，心中將力四散驚飛，即已把人發出。

化中一定要求發勢，使彼不敢攻我。

8/17 ── **腰腳相應**—把腰挪、把身柔、把身躬、腳有

根。

　　腰腳相應把身躬，氣運指掌頭頂懸。

8/18 ── **實處不用**─凡身上著得到力的地方都不要用，功深以後力全在腳底，避實用虛即可。

　　用意發放，以意用腰腿動作發人，不動身，只輕輕一想效果反大。挪鑽挪翻，不忘足。鑽為進，翻為退。浮沉合，好像身體浮在水中似的，浮中自有沉。沉為進，浮為退；沉為發，浮為化。（雖浮腳上仍要有跟勁）

　　只是挪挖鑽翻浮沉開合伸縮，不可自己亂動。

　　呼吸─做動作時以著力處帶動周身氣流轉，似呼吸狀，與外氣相合鼓盪。

　　發時必須放棄手上與彼相接之勁，然後才能出其不意發之。即先化後發，一面發一面脫離彼勁，成化發一體，以脫離彼勁之心發。

　　彼若猝拉我手，我用在順勢隨化之中，用把某東西拉回來似的之心，彼必跌出；彼如猛力直推前來，我用順勢閃開並用拉回彼之心，彼必跌得很慘。

8/19 ── **玄功**─即在動中求節節中正，節節斷連，節節鬆靈，僅只做此即可，非只是動，以此應對，無往

不利，關鍵在於不可自動。

發拳—只要腰腿一用力，拳就出去。

妙發—以放棄筋骨之力之想就已化脫彼勁發，妙不可言。

放鴿子—就是脫離彼勁，好像放鴿子似的，棄之不管亦可發出。

用骨—用骨是對的，心意中要著力在骨，肌肉才不緊張，才能柔。

8/20 ── 任由他推我，我不理，以舒迎硬，心中只想著用某一發法發之。

任何動或纏，以一太極在身外旋轉之想，身即輕靈。太極轉動，可調整內勁，使身和順，亦可用於發。

腳應—要用腳推手，意念上要先用腳推後用腰應，先腳後腰，以免上身先應，腳腿勁落後。

一般的失機失勢，都是因為總是先反應在上身，腳腿跟不及，因而失勢。故任何稍有動靜，腳腿要先反應調適，十分重要，不可上身先反應。總之任何動靜，腰腳要先因應調整好。

任何動都不可隨便亂動，稍有不合，身即生僵，顯然是錯誤。太極拳「以柔克剛」，即「以舒迎

硬」，故柔才能變化才是太極，不能柔即非太極。

每動都要蓄，蓄好以後才能使自己隨時可發，發才有威力。

迎硬力用舒服處，發放也是用舒服處，平時運動也是用舒服處。

8/21 ── **化中發**─把身上實處之實氣衝向自己腰腳，向下噴灑，同時用把彼吸回我身之意，襠胯自然寬放，這樣才能發之如放鴿子。

氣不僅是運，更要在周身細微神經、骨髓、骨細胞內運走，似在呼吸狀，無微不至。氣要深入細胞之內。一有自動即予丟而不動，身始不僵。

要倒要動先調腳動，才不倒不僵。

一定要用一側之脇，才不雙重。

8/22 ── 懂勁是懂陰陽剛柔，虛實變化。不可以自動移，移一定僵，一點都不能移。

以蓄代化，能蓄就能化，能化才能蓄，能蓄才能發。發者把所蓄之勁放開，所以言「放」。

蓄，是基本功，化、發、動、靜都以蓄來做，進、退、上、下都用蓄。有上蓄、下蓄、進蓄、退蓄、發蓄、化蓄都以怪身來做，能怪身則化蓄都有。蓄是

蓄勢待發、是準備姿勢，有蓄就有柔，就有沉，就能化，就能發，一動即蓄，一靜即蓄。

8/23 —— **筋絡遊走**—無規則，因勢而不同，變化萬千，忽隱忽現，斂隱入骨，不可停滯，忽圓忽長。（實乃氣勁在運轉）

　　用舒求舒—用舒服處，即無僵滯產生，用挪舒呼吸。

　　化而無蓄乃是逃，蓄而無化乃是頂。

　　一有移意立即用呼或吸代之。

8/24 —— **卡在腰胯**—一般卡住均卡在腰胯，所以腰胯一定要活，與腳相連一氣，腳要實，不可空腳打拳，腳腰要相應，腳內勁力要充實，要因應變化，最後防線在腳，制人也在腳。挪者不但挪腰，連褲一起挪，腿氣才活，腳中要螺旋。

　　發中取化，化中取奇，奇中生妙。

　　踵腳當家—以踵腳領軍作戰，氣像兵源不斷向下補充，使勁氣在踵腳愈充實愈好，莊子曰：「**真人之息以踵**」，此即是。

8/25 —— **吞吐代動**—一有動靜氣即吞吐（用骨），要

17、「牽動往來氣貼背，而斂入脊骨。內固精神，外示安逸。」

先練架或對手時進退往來，氣要貼於背、斂入脊骨，精神內斂，外表看起來是很安逸，這並不是求外面形式可以做到的。

18、「邁步如貓行，運勁如抽絲。」

動步要像貓一樣的輕靈，運勁要像抽絲一樣的綿綿不斷。

倒時用吞吐，用力時用吞吐，不可自動，吞吐之著力處用關節或腰脊，或骨髓。

自練化（蓄），練化去自身內僵力，去除卡處，即是自練化，用時即便利。

合分吞吐發—以腹合腰、合背、合臀、合胯，亦可用其他關節合或分，用吞吐之功做，不可用胸合背或腰，因易心悶。

8/26 ── **不管事發**—肩不管事，身不管事，胯不管事，方可發，這裡已含鬆、沉、離、化、放鴿子。在一感受壓或危急時，要不管事，只管把勁接妥即可發出，不可刻意用發。但一定要將勁連好接好才能發，否則是空的。

心發身垮（丟）—每發甚至每動都要如此。心發，身不但不動還要垮。（用垮即是求身鬆）

心想不要纏反而纏得好，與化意相配合一致。

意纏身不纏，不纏反纏，氣不運反運。

8/27 ── 身不動，形不變，我繫身脇側，即可無須刻意去化。彼攻我實處，我將勁往身內另一處移，彼必落空跌出。

推手以一脇與之對應，化之、粘之、引之，待彼

專注於此處，即猝將勁內運至另一脅發，陰陽變換，用另側脅貼之、吸之均可發，彼必敗無疑，此為以脅破敵。活腰胯要活到腳，此為必要之要求，腳才不浮。

有擊打之心，力即分散而生僵。擊出時用一小點之力，別處不用力，將力吸縮入小點，力才全部集中而出。欲進反退力反大，不可有出之心，全部為入之心。

活胯至腳以柔全身，骨無力，求全身舒順無卡就是柔。

太極拳的招式招招都在求化，攻存於化中，化中求發，不同於外家拳招招都是打，鮮有化。太極拳所謂化實是蓄，蓄是化中寓攻。

8/28 —— 動之目的在求內化、內動，擋住彼推來（假想）用內動，彼擋我，亦用內動，內動用螺纏最活最快，所以太極拳不在外形，求外形，求的只是外在形式。

一動即要內化，把身內僵硬化掉。

纏化中在求發勢，才能發。

腰腿用力打，固然力大但乃外力，用不用力之心力更大，此乃勁。

8/29 —— 打拳觀念不在外形移動，全在拉扯關節，要明白，要弄清楚。

　　勁全在腰腿的好像用力，用力而無力可用。活腰胯通連至腳，三元（腰腿腳）合一氣貫掌。

　　在走架中以全身關節旋轉求周身輕靈，並非打拳動移。

8/30 —— 腰腿腳實戰，好像用力但未用力，即靈活柔軟，細微，三元就能合一，充實跟力。不可斷手上所接之意，應對外在變化由腰腳反應。不可只化，要用不化自化心在攻。

9/1 —— 與人交手不是把人推動，而是要用把彼吞回之心，以腰胯吞噬供腳消化。用腿中滾球因應變化。

9/2 —— 發勁用腳跟上提發，腳跟未動，力控制在腳跟，不可外出。

　　打擊用不管了之心，力更大。發時不要用發彼之心，只要發動自己身內勁即可，勁才集中，可發得更遠。

9/3 —— 練勁用心中不用力。引勁用佯敗。用腿勁，

身始柔，才有下盤勁力。

9/5 —— 引勁最重要，其中最有奧妙，引中自有化拿蓄。

9/6 —— 怪趴學動物，身極柔軟。

9/7 —— 以臀底吸氣，兩腿內似在用力呼吸滾球。

推手以吞回彼之心，吸彼之力，臀底吸地氣，引彼入敗，纏勁不停，腿中滾球，佯攻詐敗。

不可失根（根者腳跟有勁），如不注意，動時根即浮空，無論如何動，都要顧及根不浮，身極柔軟，扭腳就有根。

一面在佯攻，一面在引，一面在接，一接妥就用發。

加強用臀底吸地氣。動乃調整內氣，尤其腿中氣，即意氣先動，不可亂動。

9/8 —— 皮毛合骨發力極大。

推手主要以腿應，腿之活潑不在腿本身，而是在腳，腳變，腿亦隨而變。所以與其說以腿應，不如說腳變，所以是變腿先變腳。

9/9 —— 發勁要使勁留在身內，勁不外洩，乃要用吸回也，退也，縮也，不管事也，放鴿子也，隱也，脫離也，扶住彼不使跌倒也，皮毛合骨也，被阻住不得進也，挪也，拔鞋也，吊襠也，即可留在身內。

引勁換勁虛實——用一脇或一腿接彼力，然後換脇或腿變換虛實，發人輕鬆愉快，凡推手均應如是，漸至由巧入妙。換時亦可由實處運實勁至虛腿或虛脇，或以身為太極，分為陰陽虛實二勁，互換應用。

9/11 —— **固樁訣**——推手用意全注於腿腳，腿腳好像用力，胯頂以上全放棄不管，立身用單鞭下勢之意，用腿腳救身倒，身倒腳不倒，甚有效果，此為固樁訣。練拳架亦用此法，以備在推手中應用。

9/13 —— **固跟訣**——用腿腳好似用力之心，就增跟勁。

9/14 —— 對來力用腿腳解決，腳即不浮，一切動移不要失去腳的根勁。

9/15 —— 用腰挪，一舉一動都要挪出陰陽（即要有虛實），才有太極。

太極真功—凡動都要用腰椎挪胯來動（如此可周身全動，周身一太極），分出虛實成一陰一陽，否則為亂動，所謂挪胯實是在挪氣也，人若攻來，只要用此一挪，陰陽一變，彼必跌出無疑。

9/16 —— 拳不是用一般性的動作打出來的，是用意識以腰胯扭扯身內筋脈骨髓打出來的。

9/17 —— 用吸才能粘。

連是連住彼勁，不是連身，以使隨時發放，發者是以技法來發，不是一般認為之發，要丟離一般的觀念，丟離以後才能發。發的技法很多，但不是推。

縮身入骨發，上天入地發，將兩腿分拋上天，星辰由天下降入地，提縮腿胯上升，將身下縮入腿，都是發的思想。

腰腳一定要相應相依，根才不浮。要用腰照顧腳，腳要扶住腰。

打拳作蓄勁就有呼吸，太極拳的奧秘在蓄勢，雷霆萬鈞，不是在動，動就壞了。動在蓄中生，用身應來手不用手。要學經天緯地之才，不可做書呆子。蓄勢應來敵，動時實處（用處）好像用力，腳即有根力，實處亦就柔順。

不是甚麼動，是蓄；不是甚麼發，是吸（地吸臀，臀吸地）。用蓄活腿根，這都是把腿勁發揮出來。故蓄、吸自會把腿勁使出。（發於腿，發腿勁也）

發放用放光、不管了、腿吸、阻胯、皮毛、抱肚、腹合腰、丟離，都是發腿勁，其他有噴灑、上天入地、隱身入骨（勁不出身）、拔鞋、撿拾、散骨、縮身入腿、挪腿上飛，都是發勁。實處好像用力就成蓄。

用蓄不用動就對了，用蓄活腰腿。

9/18 —— 意想旋轉遠處之物，內勁即產生，故可發。

推手重在接住彼勁，接好才能發放，在纏吸中接，頂到就是已接到。

9/20 —— 授人「**活腿活腰**」，力集於胯出。

用虛固是很好，可用於發放，但用柔實處亦可增柔化之功，增加柔力。

不是什麼動，是以蓄活腰腿。進入吸纏化引拿接發之境。心中要有兩胯之陰陽。

9/21 —— **後拉發**—腰中繩向後一拉即發。

要好像用力與大力者互鬥，只能好像不可用力，

與彼互動，則力全下貫於腿足，使彼無可著到力。

上柔下堅—用挪、蓄很重要，就可上柔下堅，用動就壞了，全身僵力亂竄。

9/27 —— 心中必以大動應之—彼雖微動，我不可亦以微動應之，心中仍要以應彼大動之心應之，方可在彼大動時手到擒來。

以腰纏腿功效才大，不可只纏手臂。

9/28 —— 用扭，不用動，動即用扭。

9/29 —— 一動一陰陽—一動就要產生陰陽，要有陰陽，身就柔。打拳只是腰活腿，胯活腳，故要保持檔胯能活，上讓給下動。

應外力全身不動，只需腰胯動一下即可，故打拳應練腰胯動，一動一陰陽，周身全脫離自動。自動是言自己本來會的動。

19、「全身意在精神，不在氣，在氣則滯。有氣則無力，無氣則純剛。」

　　功深以後，心中有神即有氣，無須刻意運氣，若刻意運氣，反有氣呆滯的情形。氣與力是相對的存在的，有了氣的存在就沒有力，有了力就沒有氣，所以言有氣則無力。心中連氣都不用，只在精神，就成了純剛，所以言無氣則純剛。

20、「氣若車輪，腰如車軸。」

　　車輪的轉動是有一個軸的，言氣如車輪一樣，繞著腰旋轉，腰就像車軸一樣。

｜後 記｜言發勁之法

皮毛定住發，任何發都可以用皮毛定住不動之想，可使勁既貫於踵又強大。牽動四兩使彼生枝狀硬勁，以利發之。

發時絕對只做功，消除他處之力與動，為任何發都必備之條件，可只用一點、一處發力發。

發一律用後坐力，向前根浮人知，後坐根穩人不知。向前腿無力，向後腿有力。

向後坐縮就是發。前發時定住腰椎不前才對。

要先發光隨即改吸，勁才大。

腳跟大喊一聲即可發，用他節亦可。

發放一求伸腰之圓順，彼已出。

任何發，一發即求己身圓順，必有效。

發人用先輕摸彼，明其虛實，然後發之。

脫離即是最好的發勁，一面心中發放，一面心中脫離即生發勁，發就是猝然脫離。

臀底一脹一用力就成發，一處用力周身就成彈簧力，即發力。

發人於不知不覺之間，自己也不知在發。

以兩腿一軟即發，輔以吸、抱肚、煙消雲散（就是放空）。先頂（吸）後放（呼）發。

發中丟臂力則勁大，人必出。

發勁將內勁集於身內，不要外放，乃可勁大，才是正規，發時只充實身內勁，並非把力發向彼身。

發勁不是將勁外放，而是氣勁內斂，以增強本身勁能。

發以皮毛向下後方脫化，或用力將腳踩地。

腿進腰不進，發勁勢不可當。

發以全身求輕空即可，煙消雲散，先要有發之心才能有空，意即發即停發求空。

發用脫離後一心碧水沉亦可。

發是將內勁鼓大（增強），不可外出，如抱肚吸風，想發隨即不發最佳。

轉法輪—以前向上後向下轉法輪發。先前發尚未動，隨即改為轉腰上法輪。兩人相接必生有，有變無即生發。轉氣一樣可發。

以手檢查，檢查彼身內可發處，雖用手，實是用心。

以斷自身發放。（只是意想）

以意力用肘尖推物即可發，太妙。用腳用力踩地發佳。都要先接妥以後，才能言發。

以轉身內點或線，順彼來勢發，百發百中，化中求發。

勁非發出，而是將將要發出之勁向內吸入，人不知，勁才大。

一點真功，想著一點，發動此點即生發勁。

用脊背之力發，一樣有大效。

彼以重來，我以輕去，妙極。

發時要讓對方全身舒服才算成功。

不是蹬，發力只以胯圈、腰圈往外放大即可，人必跌，條件是要有對方之頂力才可，才有著落。所言發，都是對發身僵者而言。

兩人相接，意必在實，脫離實鑽彼虛洞，為鑽洞，百發百中。

手掌發光發，或心中想著，把遠處一點吸回心中發。

不用發光，以接點吸回彼力更強，代發光。

意想雙手握長桿之中間，舞動時一端受阻不前，即生發力。

猝用心中比個招式發，功在作預備動作時即已生發。主要此時彼已落空，我則已開檔落胯產生勁。

身上任何一處，如胯、踝等，大喊一聲即可發，哪裡有力就用哪裡喊就已發，此時已隱身脫離彼勁。

發用腳跟與臀或腰，上下夾斷東西之勁，先下坐再夾。

以不玩了，或一飛沖天浩然之氣發。

一鼓腕中點，勁即整可為發，即放大腕中小點。

脫離彼勁就是發，用出招脫離，或脫離出招。以點或各處向前微推重物之意，意進身未進，人即出。手上發光發，處處可用。

以回身看，或用心想身前旋渦，均可發。

心想用天地山海之力，不用己身，勁大。

發勁一用肘力，腳跟勁即生，發勁實際上全在腳跟勁。

發勁勁不可出身外，控制在身內，勁才能大。發勁就是使勁在身內增強，不出皮毛。

用縮身入腿，或用腳吸彼之勁之意想即可發。

第一發不成（即已挫其根），接著以第二發彼必出，但要用發不是推。四兩撥千斤，即拳經言先加以挫之之力，令其失根再發之。

發人先引之示以發之方向，發時換勁發之。

用力集中一點即可發，如集於肘、膝，處處可用。

以接觸處皮毛發（配以呼吸）。發有遇阻發不出之想即生內勁。每種發都用遇阻發不出之想，則力由腳跟起，可常於平時練。

發勁之勁是完全消去本身之力後產生的能量。

力集中一點發，即使一點之力即可發。

可用浮發，心中一浮即生鬆沉，浮中有沉。

心發皮毛化。

足翻地氣，天氣下合，全是意氣發。

脫離很重要，絕對的重要，一面脫離一面發，陰陽並舉，脫中求發，發中求脫，脫不清，發不靈。

發放之勁用皮骨相合之意，筋脈為氣的通道。旋扭關節足底亦可發，真妙。

找順勢發最重要，一找得順勢即已是發，即變勢換勁。

發勁之路線（角度）以找順為最好。

發勁不可以實處直線衝彼之實處，應在轉順中發彼之虛處，即所謂「**原路不發**」。

發勁以放棄脫離彼力最必要。

發勁原來可全心使出一點之力，用一點之力，反是全身之力，乃是勁。

扭腰上發癢發勁很順很大，扭腳背癢更有力。

發光發，是全用神意不用身。

插戟不玩（戟是腰脊尾閭）發。肩鬆不動，化接觸處（全身勁出），亦可發。

用支撐不住之心才能撐住，勁大。

要有不玩之心。脫離不玩，以心神注彼是發放最佳心法。

一點收小後放大發，周身勁即出。又被阻不前，縮身入腿，均為佳發。

以接觸受壓處溶化了發，勁甚大。

在用力中脫離自己的力發。平時多練，以增氣勁。

騰空自身，一切發都要騰空自身，如用吸、皮毛、點發、抱肚、噴灑等，都是求騰空自身發。

發放開始，脫離開始。

鬆沉發，待有壓力時，鬆沉自己。

發勁要鬆開，用假想有力壓在肩（受猝壓之反力）、腰、胯等產生反力均可發。脫離、騰空、隱身發勁不可少，三者雖三實一。

發乃定住發處不前，勁大。

掌心一點放大合宇宙即可發，類發光。

以接觸處一點散放擴大發。

發勁是定住不動之勁。

橫豎棍是身上之意想棍，人以力迫我，我以橫棍變豎棍發之，百發百中。

發者：1、**定住自身**。2、**脫離彼身（斷）**。3、**呼吸代力動**。4、**鬆襠胯去力**。

不是搬（翻）對手，是搬自己腰腿來發，心想搬對方，改搬自己腰腳。

任何發，都一發即在某處似碰壁一樣不能前，勁

力即生，同時塌身脫離。用抱肚即是很好的發。發不是前衝，用虛處突然被壓所產生之頂勁代替吸更佳，不是縮而是被壓之頂，類隱化。上身縮入腿，或以腿吸上身發甚佳。

兩掌合拿彼力之根，彼跌遠，拿時要鬆身，用意不用動。

以掌發光同時勁由腳跟上縮，勁大甚多。

發用不玩放棄、脫離最佳，原因如次：可一點都不存發心只用意而內勁已生，一有發意即生僵。

千萬不可用一般所謂「發」之思想來發，根本不是這樣，發時要「一羽不加，蠅蟲不落」。

以虛點吸彼硬處發，不是頂處之點，這樣可不令人知。自己動時也要以虛空處吸己硬處，這樣可進行呼吸。

換勁，例如先發之，隨即改以他法來發，即換心，棄此取彼。

發時絕對只做功，不作發想，此為任何發都一致之道理。

發時一定要柔身，柔身柔一關節即可周身柔。

發是縮回不是前衝，是以意縮回並非形，縮勁非縮形，這樣可產生內勁。

發用化，相頂時我吸彼虛，使彼落空。

以意發、以氣發，吸星斗之氣經過身下貫於地下發，全用意不用身。

發遇頂立即改用鬆開一關節來發。

在自身內二關節，二處一合即發，不露於外。

作勢穿彼襠（穿而不穿），彼必大跌。

用虛做鏟子抄彼實，一路抄，就是一路發。一切都用虛抱空，以我虛抱彼空，全是意，不用身做，先將己硬處化軟再做。

收胸圈吸彼就是發，向下壓土石發更有效。

以臀磨地、擦地、挖土。兩胯為兩儀，尾閭為中軸，配合磨地。

發放都是吸，不用發，手（臂）粘住人後以手（臂）吸光即可發，這樣照樣可以發，不是發不出。用身上一點發時，放棄該點用全身吸彼氣，或放棄全身用該點發，即放棄實用虛發之意。

丟一發前必先丟脫原接點，彼才不知，可出其不意丟。不是離，而是心丟形未丟。

在發時一定有要丟離彼之心，可不為人知。

棄此取彼一發時不發，改以撿地上落葉發。

發勁以呼吸發最佳，用意想著呼吸發，大不相同，彼跌遠甚多，因此時己身已全鬆。

抱空、抱虛一抱彼虛，抱彼身外之空氣發。

以放光帶吸抱肚發最好最簡。

用靠式之開檔坐胯發，從一腿坐到另腿，消去我肉身發。

放鴿子是放棄不玩之心，鬥牛用放鴿用虛發，用虛吸彼。以背向後吹風，發鬆化之人。

肩與胯臀互相縮合，發也很好。

彼攻來，以將對手引到自己膝上之意，此發最自然順暢。（由抱肚之意引彼）

引實至一處才生虛，這樣虛實才分清好利用，頂時引彼力往一處我以另處發。

發一概用吸外氣，而且是吸背後之氣。

發是「此動彼不動」，即只身上一處動，他處不動，要徹底。例如用某一骨節發，他處要全鬆。

只要作勢發，就已經發，不必真發，真發反而害事。

用左（右）胯或腿、踵拉右（左）胯肩發，或拉脊也是很好的發，人不知，出其不意，拉時可以腰椎助勢。

胯溝送出（一胯或二）發甚佳，由後拉之力送出更好。

尾閭尖放鬆亦可發。（此乃發輕而鬆之人）

用拉斷後面繩，或被後面繩猝拉來發，應是最實

用和易用的發勁。（要配以放鴿）

為了不為人知，發用將手肩胸背及對手之力均向腰胯吸縮，類抱肚，一縮一藏檔胯即自行送向前。將腿胯向上吸入腰亦同。

接—要接好才可言發，未接好是不可能發的，接很重要，用心去接。

吸—凡發都可用吸前面的氣，不是一般所認為的發。發時可用胯溝吸，不是前送。

送身上一塊肉出去—是一種神奇的發，或用肉吸彼身或氣更好。

以縮為發—縮胯之側，或任何一處至踵，即生發。

如抱肚、腹合腰、用胯、阻身、吸前、退縮、坐向前（仍要有阻）、點猝發、猝拉彼（以意）、噴灑、隱身拾、收光、胯互吸拉、欲進即退，無不都是阻身定身發，其中加上放鴿、脫離，自是更佳。如用抬、浮、翻、鑽、閃都是化中寓發之勁，事實上發中就要求化，化中就要求發，方屬上乘。

事實上，蓄就生發，以蓄為發，因為一蓄就生定，一定就生定勁，故任何發之前都先蓄，蓄後自然生發，而發中有「定」力，即已阻身、定身。（胯勁即生）

身體無蓄勁，不是不能發，只要定住身形，再一

蓄就生發勁。

用「呼吸受阻」做發勁。

「縮」身體縮向腰腿內，一縮即成發。

所謂「發勁」，乃是將勁氣全向腿腳集中，增強腿腳勁，各種發法都是在做到這一點。

蓄勁中就有發勁，因一蓄勁，力全入腿內。

有化必發（化中作發勢），今在化中作發很成功，只要在化中有發意即可，不必真發，彼若猛力衝來，我閃中作發勢，彼必大跌。

以手發人，發時，手一發立即不發，拉回改由腰發，同抱肚。

動處立即不動，勁即下沉，即成發勁。

一切發都心中雖發，身（皮毛）立即定住退縮不動，並放鴿（放棄發），這樣就隱身、放光均在其中矣。

發是吸回，不是前放，乃能生內勁，此為原則。發勁實為以柔克虛，一頂剛柔即分，即用虛柔吸彼虛柔。

前胯拉向後胯相合，類同合腹，簡單易發。

用腰胯吸回肘臂，即生前發。

發時不但勁不出身，更要將將出而未出之勁吸入身內，不但可增加勁力，人更不知。（向身內發自

己，勁更大）

對身柔者發彼小腿或身之整體。

要用何處發時，即意想該處為人用繩子向後拉去，即生發勁。用何點（處）發時，即意想有人用竹桿在該處猝然一點，發勁即生。

皮毛發向自己身內，不向彼身，彼亦出。

用抬發確是好勁，即以意用胯頂似抬冷氣機似的上抬，意動而胯未動。

穿—用腰胯下沉之意，似欲穿過敵檔下，上身定住不前，用雖前鑽仍受阻之心。

發放之法幾乎都在定住自身不動，即生內勁。

以周身之柔力旋點發力強。

發硬力者，換勁發人輕鬆愉快。

用吸彼不是發彼，較用發彼之意為佳。

用發光發（皮毛、點、骨、腳），人亦不知。

不管事（節節去力、無力、脫離、隱化），以求無為來發，無為而無不為。

不是什麼發，是技法的應用，絕對不可用俗想之發。

後拉（腰中繩），發勁腰椎總是不可前移，前移即失勢失力，要似被阻住似的勁始生。

皮毛定住發。發時心中以皮毛定住不動之想，任

何發都作此想。

　　發勁總是不可向前衝（前移），用哪裡發，哪裡就要阻住不可前，故反而要用退縮吸彼之意，如意想抱肚、肚合腰扭臀、拔鞋、發光、皮毛定住、吸遠處之氣，都是不向前衝發，此為原則，都是在產生內勁。

　　發勁用退縮（脊縮入腿內），定住不動（皮毛）乃為使人不知，出其不意，使出內勁。

　　欲用以發之處，立即不發，方合規矩，所謂「**原路不發**」。

　　發現許多發放之心法，都是心發身不動，勁沉於腳，心中有用某種方式發，但只心中想未做動作，發時全交與內在氣勁，使自身動靜不令人知，周身著不到力。發時用送足向前之心，發人較遠。

　　發勁是心想發人，但實質上是只想而不動身體。心想的都是發動氣勁之法。

　　以放棄周身筋骨關節之力，脫離彼力發為妙勁。

　　任由他推，我心中只存某一虛點吸彼就可發。

　　噴灑發—以氣由上向下噴灑發甚佳。

【心發身不動】

1、點發身化，以得機之點吸前面氣，或放光，
　　用腰腳將身走化乾淨。

2、皮毛放光、局部放光、拔地吸彼。

3、骨骼放光、腰腳放光、隱身吸彼。

4、寬胯旋踝，寬胯為走化，旋踝為發。

5、 心中螺旋，用心不用身，在身內或身外均可。

6、吸彼、拔地、皮毛、抱肚、隱身入骨，螺旋
　　（外氣旋動）、擋腰、挪胯、拔鞋、以退為進。

7、發時周身寬鬆舒順去力不可少。

　　收歛天地氣入骨為收，放光為開，可用於發。

　　挪發—把褲腰下挪即發，不為人知。上挪為
　　後攦。

　　身化心發，隱身入骨、點發身隱。

　　發不用身，只要想一下即可，一定要做到。

【基礎功】

1、以腰椎拉扯虛五與十。（五是肩胯及腰椎，十是肘腕膝足加尾閭及大椎）

2、以腰胯及一足為基礎，坐在一足上面扭動，心中作發勁狀。二足互換，作雲手、摟膝等動作。

3、將四肢之關節縮入腰椎，收放。

4、心中以腰與臀底反向旋動，作周身螺旋體。

5、以退為進，用腰胯後縮之力，使身向前，心中想以腰胯將彼吸入吾身。

6、在原地原形作寬胯縮身，足踝扭旋。

7、腰腳斷繩，腳踩住繩用腰拉斷，心拉身不拉。

8、翻胯，在胯內翻動內勁，四方都可發。

結語：

以上所言許多發勁之法，可挑選其中適合者，不斷反覆多練，可增進自身功勁。

【第十一冊結束】1999年10月18日~2000年9月30日筆記
陳傳龍於2018年11月16日重新修潤整理完畢。

神意十八式

太極拳內功心法

陳傳龍 / 創編 *2017/7/23*

本功法共18式，在此次《太極拳透視》中卷，刊出7~12式，其餘1~6及13~18式分別於《太極拳透視》上卷及下卷書中陸續刊出。

第一式、頂天立地

第二式、大鵬展翅

第三式、撥雲望月

第四式、翻江鬧海

第五式、穿環退環（前、側、上、下）

第六式、開闔天門（馬步）

第七式、舒腰固腎

第八式、童子摘梨（上、前、側）（馬步）

第九式、玉女奉茶（馬步）

第十式、撥草尋蛇（馬步）

第十一式、擠身穿環

第十二式、旋臀磨地

第十三式、活骨舒筋

第十四式、扭身搬鼎（馬步）

第十五式、魚躍龍門

第十六式、吊襠壓臀
第十七式、搖身灌漿
第十八式、隱身化風

【功法說明】

（1）**命名**：本功法以「神意」為名，由於行功所產生的作用全在於心中的神意，不在外面的形式，提請學者勿以外在形式為主求，心中求外在形式是全無作用的。

（2）**特質**：本功法的特質與優點，係由於將太極拳運作的精奧融入其中，所以於行功時立即會有作用產生，即使是初次學習，也會在手上或腳上有麻、脹、熱等氣感產生，並產生內動，這就表示在生理功能上已有了行功的效果。

（3）**目的**：本功法的目的，在於和通氣血、修練身體，一般而言，可以養生益壽、祛病延年。在太極拳而言，培養堅剛的體，以為拳術之用。

（4）**練習**：除飯後半小時內不要練以外，其他時間均可練、每一式練的次數可在3至24次內，視運動量的高低，及個人需要而定。或在整套練習以外，挑選其中任何一式單獨練習，次數不拘，練習愈久愈佳。練習時，心中求鬆柔

舒暢，不可用用力之心，呼吸純順自然為要。

（5）在練第一式「頂天立地」時，練習時間久了，由於啟動了先天內氣，而有身體自動的情形，可不必介意，乃是自然現象。待氣通了以後，自會不動。稍後如再有內氣啟動，又會動了，以後又可不動，即所謂的「動則不通，通則不動」，在太極拳中所謂的氣，即是這種內氣。功深以後，可以由心意運行，這就是經典所云的「**以心行氣，以氣運身**」。練氣的方式甚多，本功法亦是一法，要以自然的方式，方不致有害。所以行功心解云：「**氣以直養而無害**」，直養就是自然養。

在練其他各式時，內氣充沛時亦有震動的情形，這是氣的成長，可以愈養氣愈足。

（6）各式在外在形式上雖或有相近似者，但內在神意則是完全不同的，功在神意不在形式。如只有動作不用神意，是完全沒有效果的。

①

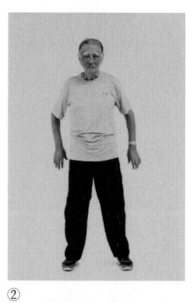

②

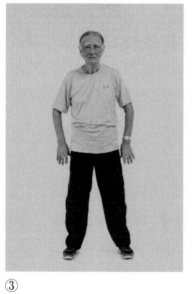

③

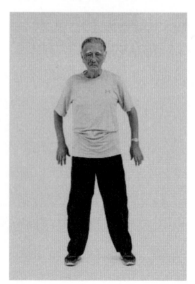

④

【功法運作】
第七式：舒腰固腎

◆著法：

立身同「頂天立地」。將腰椎五節向前挺，只挺而腰椎不向前，作用在於雖有將腰前挺之力而腰未向前，好像被一根木棍撐住似的不能向前，將力留在身內，兩手就會隨挺腰椎而自然向後擺盪，脊椎自然上下舒展。手有無擺盪並不重要，不要用人為操作，要慢、輕、鬆、不用力。挺完後還原，是為一遍。

作完收勢，回「頂天立地」。

◆感覺：

不但氣充臂、手，日久周身有氣感，並發動了內在運動。

◆功效：

功在挺腰椎而腰未向前，只有向前挺之力，沒有腰的前移，以求內動。心中力求慢、輕、鬆、不用力，全在於心中的神意要想得對。

①

②

③

④

第八式：童子摘梨（上、前、側）（馬步）

◆ 著法：

立身同「頂天立地」。右腿向右側橫跨半步，下蹲如騎馬狀。摘梨動作全是假想，作用全在於假想。

上：先以右手向前上方摘梨，後收回，後以左手向前上方摘梨，後收回。（如圖②）這不是用平時的動作方式，重要的是，手之向上要由腰胯襠送上，收回亦是，這樣才能產生所需的作用。各左右來回一次為一遍，同樣的要慢、輕、鬆、不用力。摘時可讓身腰順勢稍稍向左或向右旋轉。重要的是，動作要由腰胯襠完成，手不自動。

前：先以右手向前方摘梨，後收回，後以左手向前方摘梨，後收回。餘同前。（如圖③）

側：先略向左轉身以右手向左身側摘梨，後收回，後略向右轉身以左手向右身側摘梨，後收回。餘同前。（如圖④）

作完收勢，回「頂天立地」。

◆ 感覺：

除手上有氣感，兩腿受力大，並產生身內內在運動。

◆ 功效：

功在動作時，手由腰襠胯送上，手不可自動，以訓練動腰胯襠而不動手，並活動內氣。心中力求慢、輕、鬆、不用力，全在於心中的神意運作得對。

①

②

③

④

第九式：玉女奉茶（馬步）

◆著法：

立身同「頂天立地」。右腿向右側橫跨半步，下蹲如騎馬狀，同前式。然後移身坐於左腿，左手合於右手腕，似奉茶狀。重要的是，肩手不動，以腰胯襠之力向右方奉茶，並移身坐實右腿，往復來回三次，這是向右奉茶。(如圖②)然後移身坐於右腿，使兩掌翻轉，以右手掌合左手腕，向左方奉茶，法同前，也往復來回三次。(如圖③)左右各往復一次，是為一遍，過程中皆要慢、輕、鬆、不用力。(如圖④)重要的是，動作要由腰胯襠完成，手不自動。

作完收勢，回「頂天立地」。

◆感覺：

除手上有氣感，兩腿受力大，並產生身內內在運動。

◆功效：

功在動作時，手由腰襠胯送上，訓練完全用腰胯襠動，上身完全不可動，並活動內氣。心中力求慢、輕、鬆、不用力，全在於心中的神意要運作得對。

① ② ③ ④

第十式：撥草尋蛇（馬步）

◆著法：

立身同「頂天立地」。右腿向右側橫跨半步，下蹲如騎馬狀，同前式。然後將左手移至身右側，掌心向內，再向左側作撥草尋蛇狀，力由胯出，右手自然向外斜掛於身右側。(如圖①)動作要慢、輕、鬆、不用力，假想草有重力，阻我之手。同樣作向右側撥草，左右各作一次為一遍。(如圖②)重要的是，心中不可用手出力，力由胯出。

作完收勢，回「頂天立地」。

◆功效：

功在動作時，手由腰檔胯來動，完全不可自動，訓練動腰胯檔不動手，並活動內氣。心中力求慢、輕、鬆、不用力，全在於心中的神意要運作得對。

◆感覺：

手上有氣感，兩腿受力大，並有內部受力之感。

①

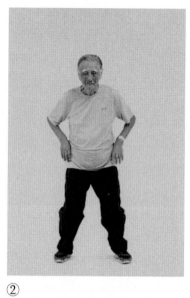

②

③

④

第十一式：擠身穿環

◆ 著法：

立身同「頂天立地」。假想胸部及腰部各有一環緊扣我身，然後縮身向下，從環中穿過。環甚緊，難以下穿，下穿至適當高度，再向上穿出，上下一次為一遍，神意中以伸縮的方式穿環較佳，如此反復動作。同樣要慢、輕、鬆、不用力。

作完收勢，回「頂天立地」。

◆ 感覺：

除手足有氣感外，身內有內動之感。

▲ 功效：

功在一伸一縮，環很緊，不易通過，全身求柔軟不用力，產生周身內勁運動，心中神意要想得對。

①　　　　　　　　　　②

③　　　　　　　　　　④

第十二式：旋臀磨地

◆ 著法：

立身同「頂天立地」。假想以臀底左右旋轉磨地。方式先以左手橫在胸前，右手在下，旋臀向左磨轉。(如圖①)再以同樣方式，右手在上，左手在下向右磨轉，左右各一次為一遍。(如圖②)同樣要慢、輕、鬆、不用力。重要的是，功在心中全由臀底出力，兩手不可出力或自動。作完收勢，回「頂天立地」。

◆ 感覺：

手上有氣感，並有內動之感。

◆ 功效：

功在全由臀底出力，他處不可出力，訓練腰胯襠之扭旋，手不自動，心中神意要想得對。

★★注意★★

1、全套功法練完，可自由散步，若有時間，可再練一遍或數遍，或挑選任何一式，不斷地練。

2、本功的功效全在於心中的如何運作，神意要想得對，求外面的形式是全無作用的，推而及於太極拳，功效也是在於心中的運作，不在於求外面的形式，求外面的形式，就成了毫無太極拳的空架子。

3、本功法本為修習太極拳而編，運動量較高，以增進功與體。太極拳之本在於體，老弱者可只練1至4式(見《太極拳透視》上卷)，乃舒筋養氣之功，運動量較低，持久多練，必可收返老還童之效。待體能許可，亦可整套練習。

4、將本功法融入拳套姿式中來練，能有非同小可之功。心中不以外在姿式為主求，可採用十八式中任何自認適合的一式為主求，任何一式之功法均可在拳套中運用，或專心練一式均可。如此練才有了太極拳的實質內涵，而非只練一個外在形式。由於本功法的作用全在於神意的如何想，不在於外在姿式的如何，因此可以融入任何拳套姿式中運用。

| 眾妙之門・中卷 | 6

太極拳透視

作　　者｜陳傳龍

發 行 人｜曾文龍

總 編 輯｜黃珍映

文字繕校｜林燦螢、黃珍映、薛明貞、沈盈良、鄭秀藝

美術設計｜劉基吉

圖片攝影｜吳文淇

出版發行｜金大鼎文化出版有限公司

　　　　　臺北市 10688 大安區忠孝東路 4 段 60 號 10 樓

　　　　　網　　址：http://www.bigsun.com.tw

　　　　　出版登記：行政院新聞局局版北市業字第 200 號

　　　　　郵政劃撥：18856448 號／金大鼎文化出版有限公司

　　　　　電　　話：(02) 2721-9527　傳　真：(02) 2781-3202

製版印刷｜威創彩藝印製有限公司

總 經 銷｜旭昇圖書有限公司

　　　　　地址：新北市中和區中山路 2 段 352 號 2 樓

　　　　　電話：(02) 2245-1480

◆ 2019 年 1 月第 1 版　　◆ 定價 / 平裝 新臺幣 350 元

◆ ISBN 978-986-97217-0-7

國家圖書館出版品預行編目（CIP）資料

太極拳透視：眾妙之門．中卷 / 陳傳龍著 .-- 第
1 版 .-- 臺北市：金大鼎文化，2019.01-
冊；　公分
ISBN 978-986-92310-8-4(第 4 冊：平裝).--
ISBN 978-986-92310-9-1(第 5 冊：平裝).--
ISBN 978-986-97217-0-7(第 6 冊：平裝)

1. 太極拳

528.972　　　　　　　　　　107020349